BERAUSCHEND GUT

Backen mit Hanf

Kathrin Gebhardt

Mit Beiträgen von
Dr. med. Franjo Grotenhermen
Dr. med. Joubin Gandjour
und **Frank T. Wortmann**

Dieses Buch ist allen Bewusstseinsagenten gewidmet.

Die Originalausgabe
ist erschienen im September 1997
beim AT-Verlag, Aarau, Schweiz

© 2011 / 2016 / 2018 / 2021
für die deutsche Ausgabe
beim Nachtschatten Verlag

© 2011 / 2016 / 2018 / 2021
für sämtliche Rechte bei Kathrin Gebhardt

Die englische Ausgabe
ist bestellbar unter
www.barnesandnoble.com/
s/Baking%20with%20Hemp

Besuchen Sie auch unsere Website
www.hempasspice.net

Lektorat/Korrektorat
Nina Seiler, Zürich
Inga Streblow, Berlin

Fotografie
Andreas Thumm, Freiburg im Breisgau
Mike Rufner, Berlin (Seite 13)
Bert Bud, Berlin (Seite 4 und 17)

Gestaltung
gebr.silvestri, Amsterdam

Druck
Druckerei & Verlag Steinmeier, Deiningen
Printed in Germany

Alte ISBN
3-85502-611-4
Neue ISBN
978-3-03788-239-9

Dank an
Don Michele Mezzow für die Durchsicht des Textes
ebenso an
Hans Cousto
Dirk Woite
Hubert Saier
Frederik
Käthe
Uwe Friedrichs
das **Hanfjournal Team**
und an die **Probanden**

Der Verlag ruft mit diesem Buch nicht zu Gesetzesübertretungen auf und verfolgt auch nicht die Absicht, zum Gebrauch illegaler Hanfprodukte zu ermuntern oder ihn zu fördern.
Hanf wird in der heutigen Zeit jedoch in seiner Vielseitigkeit vermehrt wieder entdeckt und verdient, dass das Wissen um diese reichhaltige Pflanze in all seinen Aspekten einer breiten Bevölkerung zugänglich gemacht wird.

Für Informationen zur medizinischen Verwendung der Hanfpflanze empfehle ich einen Besuch auf der Website der Internationalen Arbeitsgemeinschaft Cannabis als Medizin e.V. (IACM) www.cannabis-med.org

Der Nachtschatten Verlag wird vom Bundesamt für Kultur mit einem Strukturbeitrag für die Jahre 2021–2025 unterstützt.

INHALTSVERZEICHNIS

Von Arzt- und Backrezepten 5
Dr. med. Franjo Grotenhermen

Zur Verwendung von Hanf in der Küche 6
Dosierungstabelle 6
Und wenn einem doch einmal schlecht wird ... 7
Für wen ist Cannabis nicht geeignet? 7
Fettlöslichkeit/Lipophilie 7
Solubilisierung 7
Zu den Rezepten 8

Decarboxylierung 10
Grundrezept Slow-Butter/Hanfmargarine 12

**Ein nicht abgeschlossener Dialog
über glutenfreie Ernährung** 14

Backen mit Haschisch 19

Backen mit Grass 45

Backen mit Hanfsamen 71

Desserts mit Haschisch und Grass 79

Kochen mit Haschisch, Grass und Hanfsamen 87

Heiß und Kalt: Flüssiges mit und ohne 103
Wie kommt das THC in den Tee?
von Frank T. Wortmann

**Der ernährungsphysiologische Wert
von Hanfsamen und Hanföl** 109
von Dr. med. Franjo Grotenhermen

Was geschieht mit THC im Körper? 113
von Dr. med. Franjo Grotenhermen

Cannabis als Heilmittel 119
Eine kritische Bestandesaufnahme
von Dr. med. Joubin Gandjour

Rezeptverzeichnis 126

VON ARZT- UND BACKREZEPTEN

Dr. med. Franjo Grotenhermen
Rüthen, im Januar 2016

Früher musste eine Medizin bitter schmecken, wollte sie ihren Anspruch auf eine heilkräftige Wirkung unterstreichen. Das christliche, die Selbstkasteiung idealisierende Abendland erlaubte selbst bei Krankheit nur dann positive Erfahrungen, wenn diese mit Schweiß, Schmerz und Tränen erkauft wurden. Hedonistische Ideen und Taten waren verdammt und verdächtig und sind es auch heute noch oft. Auch heute leiden viele Kranke noch sehr stark, obwohl es Möglichkeiten gäbe, dies zu ändern. Auch heute leiden viele Schmerzpatienten an starken Schmerzen, sterben viele Menschen einen qualvollen Tod. Allen Fortschritten in der Palliativmedizin zum Trotz. Raffinierte Zubereitungsformen, wie sie das vorliegende Buch beschreibt, schaffen dagegen eine Medizin, die das Leiden ein wenig versüßen kann.

Bei medizinischer Verwendung ist die orale Aufnahme von Cannabisprodukten der Inhalation oft vorzuziehen. Die Wirkung hält länger an, ohne, bei geübter Dosierung, zu relevanten psychotropen Effekten zu führen. Die Reizung der Schleimhäute durch den Rauch wird vermieden. Das Buch beschreibt auf ansprechende Weise, wie die Einnahme gestaltet werden kann.

Die Akzeptanz und die Möglichkeiten der medizinischen Verwendung von Cannabisprodukten nehmen in vielen Ländern weltweit zu, auch im deutschen Sprachraum. Umfragen zeigen, dass eine übergroße Mehrheit der Bevölkerung vieler Länder die medizinische Verwendung von Cannabisprodukten unterstützt. Der Gesetzgeber in vielen Ländern eröffnet zunehmend Möglichkeiten, den Patienten Medikamente auf Cannabisbasis, aber auch das Naturprodukt legal zugänglich zu machen, vor allem in nordamerikanischen Ländern, in einigen europäischen und einigen südamerikanischen Ländern.

Seit langem ist bekannt, dass Cannabis eine vergleichsweise sichere Medizin ist und ein geringeres Abhängigkeitspotential aufweist als viele rezeptierbare Medikamente.

In meinem Vorwort der 1. Ausgabe dieses Buches im Juli 1997 hatte ich noch geschrieben „Möge sich bald die Möglichkeit eröffnen, dass eine Ärztin auf einem einfachen Rezept einzelne Cannabinoide und natürliches Cannabis verschreiben darf. Und möge sich bald die Möglichkeit eröffnen, dass ein Kranker bzw. ein Angehöriger legal ein Rezept aus diesem Buch unter Verwendung aller Zutaten ausprobieren darf." Von den damaligen Wünschen ist heute vieles Realität und der Rest ist nur noch eine Frage der Zeit.

ZUR VERWENDUNG VON HANF IN DER KÜCHE

Dosierungstabelle

Die folgenden Angaben beziehen sich auf Haschisch und Grass aus Indoor-Produktion mit einem THC-Gehalt von 8–16%. Bei Outdoor-Sorten mit einem THC-Gehalt von 4–8% ist die Menge entsprechend zu erhöhen, bei besonders potenten Grasssorten entsprechend zu verringern. Die Grenze für das Auftreten leichter psychotroper Effekte liegt bei 0,2–0,3 mg THC pro Kilogramm Körpergewicht. Bei einem 50 kg schweren Menschen wären dies 10–15 mg THC, bei einem 80 kg schweren 16–24 mg THC. Bei einer THC-Konzentration von 8% erreicht ein 50 kg schwerer Mensch diese Grenze mit etwa 0,1–0,2 Gramm Marihuana bzw. Haschisch, ein 80 kg schwerer Mensch mit 0,2–0,3 Gramm. Konsumenten mit Vorerfahrung können größere Mengen konsumieren. Neueinsteiger sollten diese Menge beim ersten Mal nicht überschreiten, um nicht von einem bewusstseinsverändernden Zustand überrascht zu werden.

Benötigte Menge Marihuana
bzw. Haschisch bei einem THC-Gehalt von 8%*:

Körpergewicht	50 kg	60 kg	70 kg	80 kg	90 kg
Wirkung					
Leicht (0,2–0,3 mg THC pro kg)	0,13–0,19 g	0,15–0,22 g	0,18–0,27 g	0,2–0,3 g	0,23–0,34 g
mittel bis stark (0,4–0,6 mg THC pro kg)	0,26–0,38 g	0,3–0,44 g	0,36–0,54 g	0,4–0,6 g	0,46–0,68 g

* Bei einem höheren bzw. niedrigeren THC-Gehalt ist entsprechend höher oder niedriger zu dosieren.

Bei leerem Magen eine kleinere Dosierung wählen. Geduldig eine bis anderthalb Stunden abwarten, bevor das nächste Teilchen verputzt wird.
Die momentane Stimmungslage und die Erwartungen (Set) steuern den «Rauschverlauf». Auch Umwelteinflüsse (Setting) spielen dabei eine entscheidende Rolle. (Der Begriff Set & Setting wurde von Timothy Leary geprägt.)
Selbst hartgesottene Raucher sollten die Wirkung der oralen Aufnahme nicht unterschätzen. Zur Erzielung psychotroper Effekte wird zwar eine höhere Dosis benötigt, diese lässt sich jedoch schlechter kontrollieren, und die Wirkung hält deutlich länger an als nach der Inhalation.

Und wenn einem doch einmal schlecht wird ...

Viel Vitamin C! Orangensaft mit dem Saft einer ausgepressten Zitrone mischen oder eine Apfelsaftschorle (gespritzter Apfelsaft) mit Zitrone trinken. Warme Milch mit Honig trinken. Beengende Kleidungsstücke wie Schuhe, Gürtel usw. entfernen. Frische Luft! (Siehe dazu auch «Too much», Seite 123)

Kekstherapie oder synthetisiertes THC?

Da Cannabis Grundtendenzen verstärkt, sollten labile Personen, die sich in einer schwierigen Lebenssituation befinden, von einem Cannabisgebrauch absehen und am besten gar keine Drogen zu sich nehmen. Personen, die Cannabis als Medizin einsetzen wollen, sind mit dem Shitbiscuits, Seite 27, oder den Haschfingers, Seite 28, am besten beraten, da diese durch die geringe Dosierung und haltbare Form ideal eingesetzt werden können. Wenn täglich dreimal nach jeder Mahlzeit ein Keks gegessen wird, ist von einem kaum oder gar nicht bemerkbaren Rausch auszugehen.

In Deutschland darf zwar das synthetische Cannabinoid Nabilon und auch das synthetische THC (Dronabinol) verschrieben werden; das natürliche Cannabis ist jedoch den synthetischen Produkten vielfach überlegen, da die THC-Wirkung durch andere darin enthaltene Cannabinoide günstig beeinflusst wird. Zudem sind die synthetischen Präparate unangemessen teurer. (Da die Pharmaindustrie die Krankheit als Weg zu einer erfolgreichen Jahresbilanz sieht, wäre es endlich Zeit, mit einem effektiven und kostengünstigen Naturheilmittel dem giftigen Chemiezeitalter ein längst überfälliges Ende zu bereiten.)

Fettlöslichkeit/Lipophilie

Da THC lipophil ist, kann es gut in fettreichen Nahrungsmitteln verarbeitet werden, die gleichzeitig auch Geschmacksträger sind, wie auch die Aufnahme und Verwertung von fettlöslichen Vitaminen und Aromastoffen verbessert wird. Fettliebende Substanzen sind meistens gleichzeitig wasserunlöslich.

Solubilisierung

Sollen Cannabisharze effizienter bzw. zu einem höheren Prozentsatz in Getränken verfügbar sein, muss die Löslichkeit durch das Hinzufügen eines Emulgators, z. B. in Form von Butter, Rahm, Hanfmargarine oder Vollmilch, erhöht werden. Auch Produkte wie Lecithol und Hula Solution können dafür verwendet werden.

Zu den Rezepten

Bei allen Rezepten, die Haschisch enthalten, gehe ich von bester Qualität aus. Schlechtere Qualitäten sind, bedingt durch die Illegalität, meist stark verunreinigt und rufen eine entsprechend geringere therapeutische oder *empathische* Wirkung hervor (Steigerung der Wahrnehmungsfähigkeit und des Einfühlungsvermögens und Förderung der Kommunikation).

Die in weiten Kreisen bereits bekannten Hanfrezepte stammen von Reisenden aus den orientalischen Ländern und vor allem aus der Feder des im Bereich der Cannabisforschung sehr erfahrenen Hamburger Mitstreiters Hans-Georg Behr aus den sechziger Jahren und waren schon für die damalige Zeit im allgemeinen sehr großzügig dosiert. Deshalb rate ich allen, sich an meine Angaben in den Rezepten zu halten. Vor allem noch Unerfahrene sollten zunächst eher Rezepte mit geringerer Dosierung verwenden. Um es verarbeiten zu können, muss das Haschisch erwärmt werden. Bei Stücken bis etwa 3 Gramm geht dies mit dem Feuerzeug, größere Stücke werden bei 70 Grad für etwa 5 Minuten in den Backofen gelegt und dann zerbröselt.

Alle Rezepte können auch ohne die «bewussten Inhaltsstoffe» zubereitet werden.

Bis auf das Rezept «Kir de Kif» und zum Aromatisieren wurde bewusst auf Alkohol verzichtet. Denn unter Eingeweihten gilt nach wie vor die Erkenntnis: «Misch nicht Orient mit Okzident, weil dir sonst der Schädel brennt!»

Bei dem in den Rezepten verwendeten Vanillezucker handelt es sich um Kristallzucker, der mit Vanille versetzt ist. Er lässt sich einfach selbst herstellen, indem man aufgeschnittene Vanilleschoten in Kristallzucker einlegt, bis dieser das feine Vanillearoma angenommen hat.

Es gibt Leute die behaupten, die Ofentemperatur dürfte 180 Grad nicht überschreiten, da das THC sonst zerstört wird. Nach meiner Erfahrung wirkt das Gebäck das mit 200 Grad gebacken wurde intensiver. Zudem beträgt die Innentemperatur des Gebäcks max. nur 115 Grad. Da jeder Ofen seinen eigenen Charakter hat, empfiehlt es sich nach „Sicht" zu backen, individuell zu entscheiden, wann das möglichst goldbraune Gebäck herrausgenommen werden muß.

Hinweis für Diabetiker

Das Bundesinstitut für Risikobewertung (BfR) kam bei der Auswertung aktueller Studien zu dem Ergebnis, dass die Verwendung von Fruktose/Fruchtzucker als Bestandteil sogenannter Diabetiker-Lebensmittel anstelle von handelsüblicher Saccharose aus ernährungsmedizinischer Sicht nicht sinnvoll ist, da sich eine erhöhte Fruktoseaufnahme ungünstig auf den Stoffwechsel auswirkt und zudem ein Übermaß an Fruktose in der Ernährung die Entwicklung von Adipositas begünstigt.*

Durch Blutzuckerselbstkontrollen kann man selber herausfinden, welche Süßigkeiten und welche Mengen verzehrt werden können, ohne dass der Blutzucker unerwünscht hoch ansteigt. Diabetiker können kleine Mengen üblichen Zucker und damit gesüßter Produkte verzehren.**

Ich persönlich verwende Vollrohrzucker. Auch bei den Mehlsorten achte ich darauf, dass es sich nicht um Raffinade-Produkte handelt, da diese bei einer vollwertigen Ernährung nicht empfehlenswert sind.

Genereller Tipp:
Sollte euer Teig zu trocken sein, könnt ihr wahlweise, etwas Wasser, Milch, Zitronensaft oder Eier zufügen. Sollte der Teig zu weich sein, etwas Mehl o. ä. zufügen.

Die Anzahl der 🌿 zeigt Aufwand und Schwierigkeitsgrad des Rezepts an

- 🌿 einfach herzustellen
- 🌿🌿 einfach, aber nicht zu unterschätzen
- 🌿🌿🌿 Größerer Zeitaufwand
- 🌿🌿🌿🌿 Erfordert einige Kenntnisse und einen gewissen Zeitaufwand

* Quelle: http://de.wikipedia.org/w/index.php?title=Fructose&oldid=90493033
** Quelle: http://www.diabetes-heute.uni-duesseldorf.de/ernaehrung/rezepte/kuchen/index.html?TextID=3839

DECARBOXYLIERUNG

Der Vorgang, bei dem ein Kohlendioxid-Molekül von der Säure abgespalten wird, wird Decarboxylierung genannt. Cannabinoide werden insbesondere bei Lagerung über Raumtemperatur und bei erhöhter Lichteinstrahlung zu unwirksamen Verbindungen abgebaut. UV-Bestrahlung beschleunigt den Abbau der Cannabinoide. Cannabisprodukte werden daher langfristig am besten im Dunkeln und nicht über Raumtemperatur gelagert.

In fein pulverisiertem Material werden die Cannabinoide schneller abgebaut als in grob gerebeltem. Dies wird bei fein pulverisiertem Material auf die Zerstörung der Drüsenkammern zurückgeführt, in denen sich die Cannabinoide befinden und als natürlicher Schutz wirken. Als unversehrtes Kraut (Blüten) hält sich Cannabis sehr gut, da die Drüsenkammern noch intakt sind.

Um das THC und CBD zu aktivieren, muss es decarboxyliert werden, wenn es

- zur kalten Extraktion und in Tinkturen weiterverwendet wird
- direkt in fertige Speisen gerührt werden soll, oder
- frisch geerntet wurde

Bei einer Weiterverarbeitung zu

- Gras-Butter oder veganer Hanfmargarine
- Hasch-Butter und
- Extrakten, die erhitzt werden

kann auf die Decarboxylierung verzichtet werden, da ein doppeltes Erhitzen zum Verlust von Terpenen etc. führt.

Hanfharze: Welche Sorten sind geeignet?

Helle Harze (marokkanische und libanesische Sorten) sind gut geeignet. Dunkle Harze (afghanische, nepalesische und z.T. pakistanische Sorten) sind schlechter im Fett aufzulösen. Zudem haben sie einen eher sedierenden Charakter und wären dann in erster Linie als Schlaf-kekse geeignet.

THCA => THC / CBDA => CBD	Backofentemperatur (vorgeheizt)	Zeit
Frisches Gras*		
1. Schritt: Decarboxylierung	150–160 Grad	15-20 Minuten
1. Schritt: Backen	200 Grad oder je nach Rezept	10-50 Minuten je nach Rezept
2 bis 3 Monate getrocknetes Gras		
1. Schritt: Decarboxylierung	Nicht nötig	
2. Schritt: Backen	200 Grad oder je nach Rezept	10-50 Minuten, je nach Rezept
Haschisch		
1. Schritt: Erweichen zum Auflösen im Fett	70 Grad	5-10 Minuten, je nach Haschischsorte
2. Schritt: Backen	200 Grad	10-50 Minuten je nach Rezept

* Gut besonntes Outdoor- bzw. Gras aus Indoorproduktion (Lampengras) muss vor der Zubereitung zu Gras-Butter/Hanfmargarine nicht im Backofen erhitzt werden.

Die Temperatur im Gebäckinneren beträgt ungefähr 110 Grad bei einer Backofentemperatur von 200 Grad.

GRUNDREZEPT SLOW-BUTTER/HANFMARGARINE

Nützliche Helfer

Um die Gras-Butter/Hanfmargarine im Slow-Butter-Verfahren möglichst sicher herzustellen ist ein Schongarer empfehlenswert. Damit wird das Anbrennen der Gras-Butter, auch ohne Umrühren, vermieden. Das Gerät hat einen geringen Energieverbrauch, was bei einer empfohlenen Kochzeit von 8 bis 24 Stunden auch wünschenswert ist. In den Pausen 1 EL destilliertes Wasser nachfüllen und umrühren. Selbstverständlich kann auch ein normaler Topf verwendet werden, nur muss dann öfter umgerührt und somit etwas mehr Wasser zugegeben werden.

500 g ungesalzene Ghee-Butter (ergibt etwa 480 g Weed-Butter) oder vegane Margarine, Palmkernfett verwenden.

250 g destilliertes oder stilles Wasser
+ je 5 g Wasser zum Nachfüllen in den Pausen

THC-haltig:
30 g fein gemahlene Grasblüten oder
100 g fein gemahlene Blätter/Knippreste

Nutzhanfblüten:
100 bis 150 g fein gemahlene Pflanzenteile, keine Samen.

Der Pflanzenanteil kann natürlich auch höher sein, dafür muss der Wasseranteil ebenso etwas erhöht werden. Bei der Wahldosierung in den Rezepten dann entsprechend die Stärke berücksichtigen.

1. Schritt
Zuerst das Gras gegebenenfalls bei 105 Grad 10 bis 20 Minuten im Backofen auf mittlerer Schiene decarboxylieren. Ist das Gras trockener, dann entsprechend kürzer, ist es frischer, länger im Backofen lassen.

2. Schritt
Das Pflanzenmaterial in das aufgelöste Fett geben, das Wasser hinzufügen und gut verrühren. Mit dem Deckel verschließen und im Schongarer mit der Schongarfunktion No. 1, auf 103 Grad für acht Stunden dreimal durchkochen lassen.

3. Schritt
Die fertig gekochte Gras-Butter/Hanfmargarine ein wenig auskühlen lassen, durch ein feines Haarsieb gießen. Die Pflanzenteile mittig auf ein feinmaschiges Küchentuch platzieren, die Zipfel zusammenlegen, mit einer Hand festhalten und drehen, um so das restliche Fett auszupressen. Die ausgekühlte Slow-Butter/Margarine mindestens sechs Stunden in den Kühlschrank stellen.

4. Schritt
Wenn sie gut durchgekühlt ist, setzt sich das Wasser nach unten ab. Nun den Fettkuchen mit einem Messer vom Rand trennen und als Ganzes herausnehmen, in einen Topf legen und bei kleiner Flamme noch einmal verflüssigen, gut umrühren, da sich unten die Harze konzentrieren. Danach portionsweise in Gläser o. ä. gießen. Im Gefrierfach hält das Produkt sehr lange frisch oder kann gleich im Rezept weiterverarbeitet werden. Das Kochwasser bitte weggießen!
Die abgesiebten, restlichen Pflanzenteile können noch einmal mit Wasser und Tee zu einem indischen Chai gekocht werden.

BERAUSCHEND GUT **Backen mit Hanf**

WIR KINDER VOM BAHNHOF: BÄCKEREI !

Ein nicht abgeschlossener Dialog über glutenfreie Ernährung

Christine F. sah anders aus; ich hatte sie fast ein Jahr nicht mehr gesehen. Irgendwie war sie frischer, entspannter und vor allem viel schlanker als früher, was Frauen wie mich mit Figurproblemen sofort neugierig macht. Wie hatte sie das nur geschafft?

„Na, durch eine konsequente glutenfreie Ernährung, weniger Zucker, einem gezielten Aufbau der Darmflora und ausgewählten Hanfprodukten als Medizin!"
„Welche Hanfprodukte denn?"
„Cannabisblüten mit einem geringen Anteil THC und viel CBD, weil diese verträglicher für mich sind."
„Interessant, da werde ich mich näher informieren." „Und seit wann leidest du unter einer Zöliakie?"
„Nein, Zöliakie[1] ist es wohl nicht; die standardisierten Tests konnten keinen Nachweis erbringen. Erst durch ein Buch wurde ich auf die Weizenintoleranz mit all ihren Aspekten aufmerksam, und nach konsequenter Verbannung von Weizen, Roggen, Gerste, Hafer, Grünkern, Dinkel sowie verwandten Getreidearten von meinem Speiseplan, hatte ich abends keinen Blähbauch mehr und mein Essverhalten verbesserte sich, obwohl ich wie immer große Portionen gegessen habe, aber halt tagsüber alle vier Stunden und nicht ständig."
„Ja, wie ich mich erinnere, warst du früher meistens mit Essen beschäftigt."
„Stimmt, Weizen und Zucker waren meine Lieblingsdrogen!"
„Und ja, es ist was dran: solange glutenhaltige Weizenprodukte verzehrt werden, liefert dir deine Verdauung u.a. morphinartige Substanzen, die im Gehirn an die Opiatrezeptoren anheften[2], daher leiden Betroffene häufig unter starken Entzugserscheinungen, wenn der Nachschub ausbleibt."
„Etwa wie beim Junkie?"
„Ja, so ähnlich; es beeinflusst jedenfalls das zentrale Nervensystem, so wie Nikotin und Kokain!"[3]
„Hattest du dann in den ersten glutenfreien Wochen Entzugserscheinungen?"
„Da hatte ich glücklicherweise stark CBD-haltige Cannabisblüten im Haus, die haben meine Depressionen, die ich aufgrund meiner unklaren gesundheitlichen Situation hatte, stark gelindert. Es hat meinen Appetit und auch die Darmschmerzen gedämpft."[4] „Übrigens wurde Hanf in der Vergangenheit als Medizin ganz selbstverständlich bei zahlreichen Leiden eingesetzt".[5]
„Interessant!" „Meine Wampe wird auch immer größer, aber was soll ich dann noch essen. Kann man damit wieder gesund und vor allem kulinarisch gesehen delikat überleben?"
„Aber sicher. Weil bei der Verdauung von weizenfreiem Getreide und Saaten wie Hanf, Hirse, Leinsamen, Buchweizen, Mais,

Reis, Kartoffeln, Soja, Amarant, Quinoa, Teff und Tapioka keine Exorphine mehr erzeugt werden, können so auch keine Sucht- und Entzugserscheinungen mehr auftreten. Und leckere Sachen lassen sich damit auch zubereiten, du musst dich nur etwas informieren." „Dank Internet müssen wir ja nicht mehr dumm bleiben!"

„Stimmt, es ist auch ein spannendes Forschungsfeld für Mediziner und Wissenschaftler, weil sich nicht nur die Leiden bei Autismus-, ADHS-, und Schizophrenie-Patienten[6] nach der Abstinenz glutenhaltiger Speisen signifikant verbessert haben."

„Ach, bei wem denn noch alles?"

„Diabetes, weil es die Insulinresistenz fördert."[7] „Ataxie und weitere neurologische Erkrankungen, weil das Nervensystem stark beeinflusst wird."[8] „Hinzu kommen bei manchen noch Haut-, Herz-, Leber-, etc. Probleme. Alle Patienten haben von einem Verzicht profitiert, der eine mehr, der andere weniger."

„Aber wie kann es dann sein, dass ein Nahrungsmittel wie Weizen so krass wirkt?"

„Durch eine Veränderung der ursprünglichen Weizengenetik zum Hochleistungsweizen." „2012 wurden auch noch die ATI's (Amylase-Trypsin-Inhibitoren)[9] entdeckt. Das sind Eiweißstoffe, die in Weizen, Gerste und Roggen vorkommen und dem Getreide als natürliches Pestizid dienen, um es vor Parasiten zu schützen."[10]

„Und das wurde so ungeprüft auf die Menschheit losgelassen?"

„Business as usual!" „Norman E. Borlaug wurde dafür sogar mit dem Friedensnobelpreis 1970 zur Verbesserung der Landwirtschaft ausgezeichnet."

„Du meinst es wurde ähnlich, wie z.B. bei der Atomtechnologie oder der exzessiven Verwendung von Pflanzenschutzmitteln nicht zu Ende gedacht?"

„Genau, das althergebrachte Prinzip: schnell abschöpfen in der Gegenwart, die Zeche zahlt dein Enkel auch mit seiner Gesundheit."

„Finster, jetzt bin ich mies drauf!"

„Dann lass uns doch überlegen, was gut ist am Zombieweizen."

„Er kann eine einmalig gute Backgymnastik! Einen klassischen Strudelteig wirst du wohl in keinem glutenfreien Backbuch finden."

„Stimmt aber mit diesem Verlust kann ich leben, obwohl er immer eine verdammt gute Figur dabei abgab."

„Aber eine Bemerkung zum Thema ‚Cannabis könnte Schizophrenie auslösen' muss ich noch loswerden. Denn dies wurde von der Harvard-Universität im Dezember 2013 mit der Aussage ‚dass nur ein erhöhtes familiäres Krankheitsrisiko für Schizophrenie die zu Grunde liegende Basis für eine Schizophrenie bei Cannabiskonsumenten ist und nicht der Cannabiskonsum selbst.'[11] deutlich widerlegt."

„Man fand sogar heraus, dass CBD bei diesem Krankheitsbild hilfreich sein kann. Wenn also ein glutenfreies Gebäck mit Nutzhanfbutter und gemahlenen Hanfsamen zubereitet wird, könnte dies ein functional food für Betroffene sein."
„Ja stimmt, so kann sich das Blatt, – dank Forschung –, halt wenden."
„Und von glutenhaltigen Gebäcken muss man sich jetzt nicht mehr verrückt machen lassen; das sind wahrlich verrückte Neuigkeiten."

Weiterführende Literaturliste:

„Weizenwampe", Dr. W. Davis, Goldmann-Verlag.
„Kochen und backen - von Natur aus glutenfrei", Carine Buhmann, AT-Verlag.
„Glutenfrei genießen. gesund essen", Marquardt/Lanzenberger, GU-Verlag.
„Darm mit Charme", Giulia Enders, Ullstein-Verlag.
„Cannabidiol-CBD; Ein cannabishaltiges Compendium", F.G./M.B./K.G., Nachtschatten Verlag.

Weblink: Deutsche Zöliakie-Gesellschaft e.V.: www.dzg-online.de
Videolink: Zöliakie und Autoimmunerkrankungen: www.youtube.com/watch?v=5kj9wWsL2tc

In diesem Buch kann ich nur in Kürze auf die wichtigsten Aspekte zum Thema Zöliakie und Weizensensitivität eingehen, daher können weder die Autorin noch der Verlag für evtl. Schäden, die aus den gegeben Hinweisen des Buches resultieren könnten, haften.

[1] „Weizenwampe" S. 114 / Zöliakie „light" S. 139
[2] „Weizenwampe" S. 81
[3] „Weizenwampe" S. 75
[4] www.cannabis-med.org „Darmschmerzen"
[5] „Hanf als Heilmittel", C. Rätsch, Nachtschatten Verlag
[6] „Weizenwampe" S. 247
[7] „Weizenwampe" S. 141
[8] „Weizenwampe" S. 131
[9] www.awmf.org/uploads/tx_szleitlinien/021-021l_S2k_Z%C3%B6liakie_05_2014_01.pdf
[10] www.youtube.com/watch?v=5kj9wWsL2tc
[11] hanfverband.de/nachrichten/news/nach-einer-studie-der-harvard-universitaet-verursacht-cannabis-keine-schizophrenie

BERAUSCHEND GUT

Backen mit Haschisch

Haschdukatenbuchteln

🌿 Empfohlene Haschischmenge
2 g für 4–7 Personen
pro Buchtel 0,2 g

Für 7 kleine Buchteln
(eine kleine gebutterte Auflaufform)

300 g Mehl
20 g Hefe
100 ml lauwarme Milch
30 g Butter
35 g Vanillezucker
2 EL Zitronensaft
etwas Salz
2 g Haschisch
1 Ei
etwas Wasser
60 g Butter, zerlassen

200 g gesiebtes Mehl mit der Hefe in eine Schüssel geben, mit der lauwarmen Milch zu einem Vorteig verarbeiten. Mit etwas Mehl bestäuben und etwa 10 Minuten zugedeckt an einem warmen Ort gehen lassen.

Die Butter zerlassen, Vanillezucker, Zitronensaft und Salz darin auflösen. Das Haschisch erwärmen, sorgfältig zerbröseln und dem Buttergemisch beifügen. Den Kochlöffel bei schwacher Hitze kreisen lassen, bis das Haschisch gut aufgelöst ist. Die Masse etwas abkühlen lassen und das Ei unterschlagen, bis sie schön cremig ist. Zum Vorteig geben, ebenso das restliche Mehl und alles zu einem glatten, trockenen Hefeteig schlagen. (Falls er zu fest ist, noch etwas Wasser hinzufügen.) Nochmals 15 Minuten gehen lassen.
Den Backofen auf 200 Grad vorheizen.
Den Teig in 7 Stücke teilen. Diese rund formen und einzeln in die zerlassene Butter tauchen. Anschließend in die gebutterte Auflaufform setzen. Die Leckermäuler unter euch können auch noch eine frische Pflaume, Aprikose usw. hineinstecken.
Die Buchteln im vorgeheizten Ofen etwa 15 Minuten goldbraun backen.
Mit Puderzucker bestäuben und Vanillesauce dazu reichen.

Hinweis: Nur wenn auch der Mieter unter euch hören kann, wie ihr euren Teig schlagt, wird es ein guter Hefeteig! Denn dadurch werden aus wenigen großen Poren mit dicken Teigwänden viele kleine Poren mit dünnen Teigwänden. So kann die Hitze besser eindringen, und ihr erfreut euch an einem schnellen, lockeren Backergebnis.

Amsterdamer Spezial 🌿🌿🌿🌿

Achtung: hohe Festtagstorten-Dosierungsempfehlung!

🌿 **Empfohlene Haschischmenge**
8 g für 20 Personen
pro Stück 0,4 g

Für einen Tortenring oder eine Springform von 24 cm ø

Wiener Tortenboden

350 g Vollei (ca. 7 Stück)
140 g Zucker
Salz,
1 EL Vanillezucker,
abgeriebene Schale von ½ Zitrone
90 g Butter
8 g Haschisch
105 g gesiebtes Mehl
100 g Speisestärke

Deutsche Buttercreme

1/4 l Vollmilch
1/2 Päckchen Vanillecremepulver
2 Eier
2 EL Vanillezucker
700 g Butter
2 EL Vanillezucker
80 g Puderzucker
etwas Salz
20 g Kristallzucker

Sicher eines der aufwändigsten Rezepte, das dafür aber einen Einblick in die gute, alte Konditorkunst bietet, als diese noch ohne Fertigmassen und andere Lebensmittelchemie auskam.

Für den Tortenboden die Eier mit dem Zucker und den Gewürzen in einem feuerfesten Topf verquirlen und im Wasserbad unter ständigem Rühren auf etwa 40 Grad erhitzen.
Inzwischen die Butter in einer Kasserolle zerlassen. Das Haschisch im Backofen erwärmen, anschließend zerbröseln und in der Butter auflösen.
Nun die Eier-Zucker-Masse kalt schlagen, bis sie an Volumen gewonnen hat.
Wenn man den Finger durch die Masse zieht, sollte er eine bleibende Spur hinterlassen.
Den Backofen auf 180 Grad vorheizen.
Mehl und Speisestärke mischen, sieben und von Hand vorsichtig und sorgfältig unterheben.
Zum Schluss die Haschischbutter (sie sollte höchstens Körpertemperatur haben) ebenfalls vorsichtig unterziehen.
Die Masse in den Tortenring oder die Springform füllen und im vorgeheizten Backofen auf der mittleren Schiene 30–40 Minuten backen. Der Tortenboden ist durchgebacken, wenn er sich nach einem leichten Fingerdruck von selbst wieder zurückdehnt.

Hinweis: Am besten lässt sich der Boden zerteilen, wenn er einen Tag vor dem Ausgarnieren gebacken wird.

Für die Buttercreme die Milch mit dem Vanillecremepulver und den zwei Eigelben zu einer Creme kochen, wobei die Eigelbe mit dem Vanillecremepulver verrührt werden. Die gekochte Creme zum Auskühlen auf einen Teller geben und die Oberfläche mit Vanillezucker dünn bestreuen, damit sich keine Haut bilden kann.
Mit einem Schneebesen die Butter mit dem Vanillezucker, dem Puderzucker und Salz zu einer geschmeidigen Masse verarbeiten, nach und nach die Vanillecreme hinzufügen.
Das Eiweiß mit dem Kristallzucker steif schlagen und unter die Buttercreme ziehen.

Den Tortenboden mit einem Tortenmesser in drei oder vier Scheiben teilen. Den Boden während des Schneidens drehen. Etwa 4 Esslöffel Creme mit dem Palettenmesser gleichmäßig dünn auf dem Tortenboden verteilen. Den nächsten Boden auflegen und leicht anpressen (am besten mit einer Tortenscheibe oder einem Springformboden). Mit den restlichen Teigscheiben ebenso verfahren. Mit der zurückbehaltenen Creme zuerst die

Oberfläche und dann den Rand einstreichen. Hier kann ein Teigschaber gute Dienste leisten, um den Rand schön gerade zu bekommen. Die Torte nach dem Zusammensetzen und ersten Einstreichen kühl stellen und nach dem Erkalten den Vorgang wiederholen.

Die Torte in 20 Stücke einteilen und mit einer kleinen Sterntülle jeweils eine Cremerosette aufspritzen und nach Bedarf ausgarnieren. Als Variante für den Hausgebrauch: Die Oberfläche etwas dicker einstreichen und mit einem Löffel ein wellenförmiges Muster gestalten. Eventuell mit etwas Kakao bestäuben. Den Rand nach Belieben mit gehobelten und gerösteten Mandeln einstreuen.

Für den Geleespiegel einen Marzipantaler von 6 cm ø ausstechen und auf ein Abtropfgitter legen. In den erwärmten, flüssigen Glukosesirup etwas klein gehäckseltes Grass geben und über den Marzipantaler gießen. Anschließend ein Hanfblatt auflegen und leicht andrücken.
Mit etwas Glück kommt ihr über eine Konditorei/Bäckerei an den nur noch selten gebrauchten, Glukosesirup.

Tipp: Sollte euch der Wiener Boden aufgrund fehlender Backerfahrung misslungen sein, müsst ihr ihn nicht wegschmeißen und auch nicht trocken verzehren – er bietet für «Haschimisu», Seite 84, die ideale Grundlage!

Hier drei köstliche Varianten, die Creme zu aromatisieren:

Marzipan-Amaretto-Creme

50 g Marzipanrohmasse
3 Schnapsgläser Amaretto

Ein Drittel der Buttercreme (ohne Marzipan) zum Ausgarnieren zurückbehalten. Das Marzipan mit etwas Creme weichkneten und unter die restliche Creme ziehen. Nun den Likör hinzufügen und zu einer homogenen Masse verarbeiten. Sollte diese zu fest sein, kurz erwärmen und mit einem Schneebesen glattarbeiten.

Schokoladen-Chartreuse-Creme

100 g Zartbitterkuvertüre
3 Schnapsgläser Chartreuse
(französischer Pfefferminzlikör)

Ein Drittel der Creme zum Einstreichen und Ausgarnieren zurückbehalten. Die Kuvertüre im Wasserbad schmelzen und unter die Creme ziehen. Nun den Likör hinzufügen und zu einer homogenen Masse verarbeiten. Sollte diese zu fest sein, kurz erwärmen und mit einem Schneebesen glattarbeiten.

Orange-Cointreau-Creme

Saft von 1 Orange
3 Schnapsgläser Cointreau

Ein Drittel der Creme zum Einstreichen und Ausgarnieren zurückbehalten. Den Orangensaft mit dem Likör unter die Creme ziehen. Sollte diese zu fest sein, kurz erwärmen und mit einem Schneebesen glattarbeiten.

Haschisch-Hefezopf 🌿🌿

🌿 **Empfohlene Haschischmenge**

3 g für ca. 10 Personen
pro Scheibe ca. 0,3 g

50 g Butter
3 g Haschisch
200 g Mehl
20 g Hefe
5 EL lauwarme Milch
1 Ei
20 g Zucker
2 Prisen Salz

Zum Bestreichen

1 Eigelb mit 1 EL Wasser verrühren

Die Butter schmelzen. Das Haschisch erwärmen, danach zerbröseln und in der Butter auflösen. Erkalten lassen. Das Mehl und die Hefe mit der lauwarmen Milch zu einem Vorteig verarbeiten und 10 Minuten an einem warmen Ort gehen lassen.
Wenn der Vorteig Risse zeigt, die Haschischbutter, das Ei, den Zucker und das Salz hinzufügen und zu einem glatten Teig kneten. Sollte dieser nach intensivem Kneten zu weich sein, noch etwas Mehl hinzufügen; 15 Minuten gehen lassen.
Den Teig in drei gleichmäßig große Stücke teilen und zu Würsten formen. Diese sollten an den Enden konisch zulaufen. Die drei Stränge zu einem Zopf flechten und die Enden zusammenpressen. Nochmals 15 Minuten gehen lassen und mit Eistreiche bepinseln. Eventuell mit geriebenen Hanfsamen bestreuen. Auf der mittleren Schiene des auf 200 Grad vorgeheizten Backofens etwa 15 Minuten backen.

High de Sand 🌿

🌿 **Empfohlene Haschischmenge**

2 g; ergibt ca. 80 Stück
pro Stück ca. 0,02 g

250 g Butter
2 g Haschisch
100 g Puderzucker
100 g Marzipan-Rohmasse
2 Prisen Salz
1 EL Zitronensaft
2 EL Vanillezucker/aroma
2 Eigelbe
200 g Buchweizenmehl
   (glutenfrei)
   oder 200 g Mehl nach Wahl
200 g geriebene Mandeln
150 g Kartoffelstärke (glutenfrei)

Zum Garnieren

feinen Zucker und 1 Eigelb mit 1 EL Wasser verrühren
2 Bögen Backpapier

50 g Butter erhitzen. Das Haschisch erwärmen, anschließend zerbröseln und in der Butter möglichst fein auflösen. Dann die restliche Butter mit der Marzipan-Rohmasse verkneten. Zucker, Gewürze und Eier hinzufügen und alles gut verrühren. Zum Schluss das Mehl, geriebene Mandeln und Kartoffelstärke darunter kneten.

Den Teig durch drei teilen, Rollen mit einem ø von ca. 3,5 cm herstellen. Die Rolle auf ein Backpapier legen, aussen mit der Eistreiche bepinseln und mit dem Zucker bestreuen und gut andrücken, rollen, bis außen alles gleichmässig bedeckt ist. Gut im Backpapier einpacken und mindestens 1 Stunde kühl stellen.
Den Backofen auf 200 Grad vorheizen.
Nun die Cannarollen in knapp 1 cm dicke Scheiben schneiden und diese auf einem mit Backpapier ausgelegten Blech auf mittlerer Schiene etwa 10 Minuten goldgelb backen.

Haschisch-Spritzgebäck

Empfohlene Haschischmenge
4 g; ergibt ca. 100 Stück
pro Stück ca. 0,04 g

450 g Butter
4 g Haschisch
150 g gesiebter Puderzucker
Salz
ausgekratzte Samen von
   1 Vanilleschote
abgeriebene Schale von ½ Zitrone
1 Ei
425 g gesiebtes Mehl
125 g Speisestärke

Die Hälfte der Butter erhitzen. Das Haschisch erwärmen, anschließend zerbröseln und in der flüssigen Butter möglichst fein auflösen. Mit der restlichen Butter verkneten. Den Puderzucker, die Gewürze und das Ei von Hand unterrühren (nicht schaumig schlagen!) Die Buttermasse muss schön weich sein, aber nicht flüssig. Mehl und Speisestärke mischen. Die Buttermasse beigeben und vorsichtig unterheben.
Den Backofen auf 200 Grad vorheizen.
Einen Spritzbeutel mit einer möglichst großen Sterntülle versehen. Den Teig hineinfüllen und auf mit Backpapier ausgelegte Bleche aufspritzen. Im vorgeheizten Backofen auf mittlerer Schiene 10–13 Minuten backen.

Tipp: Sollte euch der Teig zum Aufspritzen zu fest geraten sein, nicht verzagen! Er lässt sich immer noch weiter verarbeiten. Einfach noch etwas Mehl hinzufügen, verkneten und den Teig 1 Stunde kühl stellen, dann ausrollen und Plätzchen ausstechen. Diese mit Ei bestreichen und nach Wahl mit Zucker, Mandeln oder Schokostreusel garnieren. Backen wie oben beschrieben.

Haschisch-Spritzgebäck für Diabetiker

Empfohlene Haschischmenge
2 g; ergibt ca. 60 Stück
pro Stück ca. 0,03 g

350 g Butter
2 g Haschisch
135 g Fruchtzucker
1 EL Vanillezucker
1 Prise Salz
40 ml Kondensmilch
300 g gesiebtes Mehl
100 g Speisestärke
80 g Fruchtzuckerkuvertüre,
   in Späne gehobelt oder
   möglichst fein gehackt

Die Hälfte der Butter erhitzen. Das Haschisch erwärmen, anschließend zerbröseln und in der flüssigen Butter möglichst fein auflösen.
Den Fruchtzucker, die Gewürze und die Kondensmilch hinzufügen und von Hand unterrühren (nicht schaumig schlagen!) Die Buttermasse muss schön weich sein, aber nicht flüssig.
Das Mehl mit der Speisestärke und der fein gehobelten Fruchtzuckerkuvertüre mischen und zur Buttermasse geben. Von Hand vorsichtig unterheben.
Den Backofen auf 200 Grad vorheizen.
Den Teig in einen Spritzbeutel mit großer Sterntülle füllen und auf mit Backpapier ausgelegte Bleche aufspritzen.
Im vorgeheizten Backofen auf mittlerer Schiene ca. 10–13 Minuten backen.

Shitbiscuits 🌿

🌿 Empfohlene Haschischmenge
2 g; ergibt ca. 50 Stück
pro Stück ca. 0,04 g

150 g Butter
2 g Haschisch
150 g Zucker
2 Prisen Salz
2 Prisen Zimtpulver
1 Ei
265 g Mehl

Dieses Rezept kann als Video auf unserer Website angesehen werden.

50 g Butter erhitzen. Das Haschisch erwärmen, anschließend zerbröseln und in der Butter möglichst fein auflösen. Dann mit der restlichen Butter verkneten. Zucker, Gewürze und Ei hinzufügen und alles verrühren, aber nicht schaumig schlagen. Zum Schluss das Mehl darunter kneten.
Den Teig zugedeckt 1 Std. kühl stellen.
Den Backofen auf 200 Grad vorheizen.
Den Teig auf einer bemehlten Fläche etwa 4 mm dick ausrollen und mit einem runden Ausstecher von 6 cm ø ausstechen.
Diese auf einem mit Backpapier ausgelegten Blech, auf mittlerer Schiene etwa 10 Minuten backen.

Tipp: Sollte euch kein Ausstecher passender Größe zur Verfügung stehen, könnt ihr ja ausnahmsweise mal zum Schnapsglas greifen ;-)

Cannabis-Mohntorte 🌿🌿

🌿 Empfohlene Haschischmenge
1,5 g; ergibt 12 Stück
pro Stück 0,2 g

Für eine gebutterte, mit Paniermehl ausgestreute Springform von 24 cm ø

100 g Butter
3 g Haschisch
100 g Zucker
4 Eier
20 g Orangeat, Salz
etwas Zimtpulver
80 g gemahlener Mohn
20 g gemahlene Hanfsamen

50 g Butter schmelzen. Das Haschisch erwärmen, zerbröseln und in der Butter auflösen. Mit der restlichen Butter verkneten, dann diese mit 50 g Zucker und den 4 Eigelben schaumig rühren. Das Orangeat, 1 Prise Salz und Zimt mit dem Mohn und den Hanfsamen vermengen und nach und nach unter die Buttermasse rühren.
Den Backofen auf 180 Grad vorheizen.
Die vier Eiweiße mit dem restlichen Zucker und einer Prise Salz zu sehr steifem Schnee schlagen und vorsichtig unter die Mohnmasse heben. Gleichmäßig in die vorbereitete Form füllen und den Kuchen im vorgeheizten Ofen auf mittlerer Schiene mit Unterhitze 40 Minuten backen.
Nach dem Auskühlen mit Cannabisblättern belegen und mit Puderzucker bestäuben. Die Blätter anschließend vorsichtig entfernen.

Shortbread Haschfingers ♣♣♣

♣ **Empfohlene Haschischmenge**
4 g; ergibt ca. 80 Stück
pro Stück ca. 0,05 g

Für ein Backblech von etwa 42 x 35 cm

320 g Butter
4 g Haschisch
Salz
Saft von 1/2 Zitrone,
2 EL Vanillezucker
2 EL Wasser
180 g Zucker
500 g Mehl
1 Tasse feiner Zucker

100 g Butter schmelzen. Das Haschisch erwärmen, zerbröseln und in der Butter auflösen. Die flüssige Butter mit der restlichen Butter verkneten, dann mit den Gewürzen, dem Wasser, dem Zucker und zuletzt dem Mehl zu einen Mürbeteig verarbeiten. Den Teig mindestens 2 Stunden im Kühlschrank ruhen lassen.
Den Backofen auf 200 Grad vorheizen.
Den Teig in der Größe des Backblechs ausrollen und auf das mit Backpapier ausgelegte Blech legen. Die Teigfläche mit einer Gabel mehrmals einstechen. Den Teig auf der mittleren Schiene 20–30 Minuten backen. Den heißen Blechkuchen mit einem scharfen Messer in etwa 2 x 7 cm große Stücke schneiden und sofort im feinen Zucker wenden.

Cannacini ♣

♣ **Empfohlene Haschischmenge**
2 g; ergibt ca. 60 Stück
pro Stück ca. 0,03 g

150 g Butter
2 g Haschisch
100 g Puderzucker
2 Prisen Salz
1 EL Zitronensaft
2 EL Vanillezucker/aroma
2 Eier
300 g Mehl
　oder glutenfrei:
200g geriebene Mandeln
100g Kartoffelstärke

Zum Garnieren

200 g gehobelte Mandeln
　oder mit jeweils einer Mandel
　belegen
1 Eigelb mit 1 EL Wasser
　verrühren
2 Bögen Backpapier

50 g Butter schmelzen. Das Haschisch erwärmen, anschließend zerbröseln und in der Butter möglichst fein auflösen. Dann mit der restlichen Butter verkneten. Zucker, Gewürze und Eier hinzufügen und alles gut verrühren. Zum Schluss das Mehl darunter kneten.

Den Teig teilen und zu zwei langen Würsten von ca. 3,5cm ø rollen. Die Rolle auf ein Backpapier legen, außen mit der Eistreiche bepinseln und die Hälfte der gehobelten Mandeln gleichmäßig darauf verteilen und gut andrücken, rollen, bis außen alles gleichmäßig bedeckt ist. Gut im Backpapier einpacken und mindestens 1 Stunde kühl stellen.
Den Backofen auf 200 Grad vorheizen.
Nun die Cannarollen in knapp 1 cm dicke Scheiben schneiden und diese auf einem mit Backpapier ausgelegten Blech auf mittlerer Schiene etwa 10 Minuten goldgelb backen.

Haschisch-Spritzgebäck
Shortbread Haschfingers

Schoko-Walnuss-Haschmuffins

☘ Empfohlene Haschischmenge
1,2 g für 12 Stück
pro Muffin ca. 0,1 g

180 g Zartbitter-Kuvertüre
180 g Butter
1,2 g Haschisch
120 g Honig oder brauner Zucker
4 Eier
1 EL Vanillezucker
2 Prisen Salz
2 TL Zimtpulver
120 g Dinkelmehl o.ä.
80 g gemahlene Mandeln
1 gestrichener TL Natron

Füllung

40 g Butter
20 g brauner Zucker oder Honig
120 g gehackte Walnüsse

Butter schmelzen, Zucker oder Honig dazu, kurz aufkochen lassen. Nun die gehackten Walnüsse hinzufügen.

Den Backofen auf 190 Grad (Umluft 160) vorheizen. Die Muffinform einfetten oder besser mit Papierförmchen auslegen.
Die Schokolade im Wasserbad schmelzen. 80 g Butter schmelzen. Das Haschisch erwärmen, zerbröseln und in der Butter auflösen. Mit der restlichen Butter vermengen und mit Zucker, Eiern, Gewürzen verrühren, zum Schluss die Kuvertüre hinzufügen, kurz unterrühren. Das Mehl, Mandelgrieß und Natron vermischen, ebenfalls kurz unterrühren.
In jede Muffinform einen gehäuften EL der Schokomasse füllen, dann einen EL von der Füllung. Nun die restliche Masse auf die Muffins verteilen und ca. 14 Minuten backen.

Tipp für Eilige: Das Brownie-Rezept eignet sich ebenfalls für die Muffins. Dann 1 Ei weniger verwenden.

Schoko-Banana-Haschmuffins

Empfohlene Haschischmenge
0,6 g für 12 Stück
pro Muffin ca. 0,05 g

100 g Butter
0,6 g Haschisch
180 g Rohrzucker
2 Eier
1 EL Vanillezucker
2 Prisen Salz
2 TL Zimtpulver
180 g Naturjoghurt
120 g Buchweizenmehl o.ä.
120 g Sojamehl
70 g Maismehl
2 gehäufte EL Kakao
1 gestrichener TL Natron
  oder Weinsteinbackpulver
1 große Banane
  in 12 Scheiben schneiden
100 g Zartbitter-Kuvertüre,
  gerieben oder in Stückchen

Zum Garnieren

12 Walnusshälften

Glutenfrei

Den Backofen auf 190 Grad (Umluft 160) vorheizen.
Die Muffinform einfetten oder besser mit Papierförmchen auslegen.
Die Hälfte der Butter schmelzen. Das Haschisch erwärmen, zerbröseln und in der Butter auflösen. Mit der restlichen Butter vermengen und abkühlen. Nun mit dem Zucker, Eiern, Joghurt und Gewürzen verrühren. Die Mehlsorten, das Kakaopulver mit dem Natron vermischen, ebenfalls unterrühren.
In jede Muffinform einen gehäuften EL der Masse füllen, dann die Banane einlegen, ca. 1 EL Schokospäne darauf. Nun die restliche Masse auf den Muffins verteilen und ca. 12 Minuten backen.

Haschisch-Sandkuchen ✦✦✦

🌿 **Empfohlene Haschischmenge**
4 g; ergibt 20 Scheiben
pro Scheibe 0,5 g

Für eine gebutterte, mit Paniermehl ausgestreute Kranzkuchenform von 24 cm ø

250 g Butter
4 g Haschisch
20 g Marzipanrohmasse (fakultativ)
165 g Speisestärke
5 Eier
250 g Zucker
Salz
ausgekratzte Samen von 1 Vanilleschote
Saft von 1/2 Zitrone
150 g gesiebtes Mehl
1/2 Päckchen Backpulver
Butter und Paniermehl für die Form
1–2 Päckchen Schokoladenguss nach Belieben

Den Backofen auf 180 Grad vorheizen.
Die Butter erhitzen. Das Haschisch erwärmen, anschließend zerbröseln und in der Butter auflösen. Die Butter erkalten lassen, bis sie wieder eine feste, aber weiche Konsistenz angenommen hat. Das Marzipan hinzufügen und damit weichkneten. Nun die Speisestärke langsam unterrühren. In einem feuerfesten Gefäß über kleiner Flamme mit dem Handmixer die Eier mit dem Zucker und den Gewürzen etwa 50 Grad warm aufschlagen. Dann kalt schlagen, bis die Masse Stand hat. Die Eiermasse abwechselnd mit der gesiebten Mehl-Backpulver-Mischung unter die Buttermasse rühren. In die vorbereitete Form füllen. Im vorgeheizten Backofen auf mittlerer Schiene etwa 40 Minuten backen. Mit einem Zahnstocher überprüfen, ob der Kuchen durchgebacken ist.

Tipp: Wenn man den Kuchen mit einem Schokoladenguss überzieht, hält er länger frisch. Ansonsten nach dem Erkalten mit Puderzucker bestäuben.

Cannabanana-Kranz

Empfohlene Haschischmenge
4 g; ergibt 20 Scheiben
pro Scheibe 0,2 g

Für eine Kranzkuchenform von 24 cm ø

250 g Butter
4 g Haschisch
150 g Zucker
abgeriebene Schale von ½ Zitrone
2 Prisen Salz
etwas Zimtpulver
5 Eier
80 g Kokosraspel
500 g reife Bananen
Saft von einer Zitrone mit
2 cl Rum vermischt
250 g Mehl
1 Päckchen Backpulver

Zitronenglasur

250 g Puderzucker
Saft von 1 grossen Zitrone

oder Zimt-Amaretto-Glasur

250 g Puderzucker
1 Schnapsglas Amaretto
½ TL Zimtpulver

50 g Butter schmelzen. Das Haschisch erwärmen, zerbröseln und in der Butter auflösen. Mit der restlichen Butter, 50 g Zucker und den Gewürzen schaumig schlagen. Die Eier trennen. Die Eigelbe im Wechsel mit den Kokosraspeln unter die Buttermasse rühren.
Die geschälten und gewürfelten Bananen mit den Zitronen-Rum-Gemisch beträufeln und unter die Eigelbmasse heben. Das Mehl mit dem Backpulver darübersieben und unterrühren.
Den Backofen auf 200 Grad vorheizen.

Die Eiweiße mit dem restlichen Zucker zu sehr steifen Schnee schlagen. Zuerst ein Drittel davon, dann den Rest unter die Bananenmasse ziehen. Die Masse in die mit Butter ausgestrichene Form füllen und im vorgeheizten Ofen auf der unteren Schiene etwa 80 Minuten backen.

Für die Glasur den Puderzucker durchsieben, mit dem Zitronensaft oder dem Amaretto und Zimt verrühren und den erkalteten Kuchen damit überziehen. Eventuell mit etwas kleingehäckselten Grass bestreuen.

Haschbrauner Kirschkuchen 🌿🌿

🌿 **Empfohlene Haschischmenge**
4 g; ergibt 16 Stücke
pro Stück 0,25 g

Für eine Springform von 24 cm ø

200 g Butter
4 g Haschisch
250 g Zucker
2 Prisen Salz
½ TL Zimt
abgeriebene Schale von ½ Zitrone
6 Eier
150 g Mehl
100 g gemahlene bzw. geschälte Hanfsamen
½ TL Natron/Backpulver
100 g Zartbitter- und
100 g Vollmilchschokolade gerieben
250 g abgetropfte Sauerkirschen

100 g Butter schmelzen. Das Haschisch erwärmen, zerbröseln und in der Butter auflösen. Mit 100 g Zucker, den Gewürzen und nach und nach mit den Eigelben schaumig rühren. Das Mehl mit den Hanfsamen und dem Backpulver vermischen und unterrühren.
Die Eiweiße mit dem restlichen Zucker sehr steif schlagen und zum Schluss vorsichtig die Schokoladenspäne unterheben. Zuerst ein Drittel des Schokoladeneischnees unter die Teigmasse ziehen, dann den Rest vorsichtig unterheben.
Den Backofen auf 180 Grad Unterhitze vorheizen.
Die Masse in eine mit Butter gefettete und mit Paniermehl ausgestreute Springform füllen und glattstreichen. Die Kirschen darauf verteilen. Im Backofen auf mittlerer Schiene mit Unterhitze 60–70 Minuten backen.
Auf den ausgekühlten Kuchen eine Schablone auflegen und mit Puderzucker und Kakao bestäuben. Die Schablone vorsichtig entfernen.

Haschisch-Kipferl 🌿

🌿 **Empfohlene Haschischmenge**
2 g; ergibt ca. 50 Stück
pro Kipferl ca. 0,04 g

150 g Butter
2 g Haschisch
60 g Zucker
2 Prisen Salz
1 Vanillestange ausgekratzte Samen
90 g geriebene Mandeln oder Hanfsamen
250 g Weizenstärke
50 g Puderzucker
2 EL Vanillezucker

Ei- und mehlfrei!

50 g Butter schmelzen. Das Haschisch erwärmen, zerbröseln und in der Butter auflösen. Mit der restlichen Butter verkneten, dann den Zucker und die Gewürze unterrühren. Die Mandeln oder Hanfsamen mit der Stärke vermischen und ebenfalls unterkneten. Den Teig 1 Stunde kühl stellen. Den Backofen auf 180 Grad vorheizen. Den Teig zu einer Wurst formen und in gleichmäßig große Stückchen einteilen. Aus den Stücken kleine Würstchen rollen, welche konisch zu den Enden verlaufen sollen, dann in Kipferlform biegen. Auf ein mit Backpapier ausgelegtes Blech legen und im vorgeheizten Backofen auf mittlerer Schiene 10–15 Minuten backen. Den Puderzucker mit dem Vanillezucker mischen und die Kipferl noch warm darin wenden.

Haschisch-Kipferl
Haschisch-Spritzgebäck für Diabetiker

Haschischspitzen

Empfohlene Haschischmenge
3 g; ergibt ca. 90 Stück
pro Stück ca. 0,03 g

200 g Butter
3 g Haschisch
150 g Zucker
5 EL Vanillezucker
1 Prise Salz
100 g Mehl
200 g gehobelte Mandeln

50 g Butter schmelzen. Das Haschisch erwärmen, zerbröseln und in der Butter auflösen. Mit der restlichen Butter verkneten und anschließend mit dem Zucker, dem Vanillezucker und den Gewürzen verrühren. Das Mehl unter die Masse kneten und anschliessend die Mandeln vorsichtig unterheben. Den Backofen auf 180 Grad vorheizen.

Den Teig möglichst stäbchenförmig in großen Abständen auf einem mit Backpapier ausgelegten Blech verteilen und mit der nassen Gabel leicht flach drücken. Im vorgeheizten Backofen auf mittlerer Schiene etwa 13 Minuten backen.

Haschisch-Schokokuchen

Empfohlene Haschischmenge
2 g; ergibt 20 Stück
pro Scheibe 0,2 g

75 g Zartbitterschokolade
75 g Butter
2 g Haschisch
100 g Zucker
frisch abgeriebene
Zitronenschale oder
Zitronenschalenaroma
2 Prisen Salz
1 TL Zimtpulver
3 Eigelbe
150 g gemahlene Mandeln
50 g Mandelstifte
3 Eiweiße
20 g Speisestärke
1/2 Päckchen Backpulver

Schokoladenglasur
oder Puderzucker

Glutenfrei

Die Schokolade über dem Wasserbad schmelzen. 40 g Butter schmelzen. Das Haschisch erwärmen, zerbröseln und in der Butter auflösen. Mit der restlichen Butter, 50 g Zucker, den Gewürzen und den Eigelben schaumig rühren. Zum Schluss die warme Schokolade unter fortwährendem Rühren in die Masse laufen lassen. Die gemahlenen Mandeln und die Mandelstifte unterrühren.

Die Eiweiße mit dem restlichen Zucker zu sehr steifem Schnee schlagen und zum Schluss die Speisestärke und das Backpulver vorsichtig unterrühren. Etwas Eischnee unter die Masse heben, dann den Rest vorsichtig unterziehen.

Den Backofen auf 200 Grad vorheizen.

Die Teigmasse in eine gefettete, mit Paniermehl ausgestreute Kastenform füllen. Im vorgeheizten Backofen auf mittlerer Schiene etwa 40 Minuten backen.

Den ausgekühlten Kuchen mit Schokoladenguss überziehen oder mit Puderzucker bestäuben.

Schokoladen-Gourmetfondue

🌿 **Empfohlene Haschischmenge**
2 g für ca. 4–6 Personen

250 g dunkle Kuvertüre / Zartbitterschokolade
200 g helle Kuvertüre/ Milchschokolade
230 g Sahne
ca. 1–2 Tassen warmer Espresso
etwas frischer Ingwer, Zimt, Kardamom

Und nun die Krönung des guten Geschmacks! Solch eine göttliche Gaumenfreude bleibt nicht ohne erotisierende Folgen ...

30 g Sahne erhitzen und das zerbröselte Haschisch darin auflösen. Ein großes, fein gehacktes Stück frischen Ingwer dazugeben. Danach einen gestrichenen Esslöffel Zimt und nach Belieben und zur besseren Verdauung etwas Kardamom.

Die Schokolade in einem Topf im Wasserbad schmelzen.
Nun mit der restlichen Sahne auffüllen, erwärmen und gut verrühren.

Wenn die Masse flüssiger werden soll, je nach gewünschter Konsistenz Espresso hinzufügen.

Besser ist es, wenn die Masse auch auf dem Rechaud im Wasserbad stehen kann, so kann diese nicht anbrennen und es kann in Ruhe geschlemmt werden.

Beliebt zum Dippen: Obst, besonders gut sind Bananen und Weintrauben, frische Ananas, Äpfel, aber auch Madeleines in Stäbchenform oder Löffelbiscuits.

Wenn etwas von der opulenten Masse übrig bleiben sollte, bitte später in den Kühlschrank stellen. Denn am nächsten Tag kann sich der Rest des Fondues in eine herrliche Trüffelmasse verwandeln.
Dazu die Schokoladenmasse im Wasserbad verflüssigen und aufschlagen. Je nach Festigkeit eventuell noch etwas Butter dazu und kurz in den Kühlschrank stellen, damit die Masse wieder eine formbare Konsistenz erhält.

Dann in einen tiefen Teller Kakao sieben, denn dieser hilft, die Trüffel voneinander zu trennen. Die geformten Trüffel im Kakao wälzen und anschließend kühl stellen.

Haschbrownies

Empfohlene Haschischmenge
3 g; ergibt 30 Stück,
pro Brownie ca. 0,1 g

Für ein 36 x 30 cm großes Backblech

100 g Zartbitterschokolade
250 g Butter
3 g Haschisch
200 g Honig
4 Eier
1 EL Vanillezucker
2 Prisen Salz
etwas Zimtpulver
150 g Mehl
½ TL Natron
150 g gehackte Walnüsse oder gehackte Mandeln

Zum Garnieren

150 g Schokoladenglasur
Walnusshälften oder halbierte Mandeln

Dieses Rezept möchte ich der Hanf-Backpionierin Mary Brown widmen, deren Brownies weit über die Landesgrenzen Kaliforniens hinaus bekannt sind.

Die Schokolade im Wasserbad schmelzen. 50 g Butter schmelzen. Das Haschisch erwärmen, zerbröseln und in der Butter auflösen. Mit der restlichen Butter verkneten und mit dem Honig, den Eiern, dem Vanillezucker und den Gewürzen verrühren. Nach und nach die flüssige lauwarme Schokolade hinzugeben. Das Mehl mit dem Backpulver und den Walnüssen oder Mandeln vermischen und ebenfalls unterrühren.

Die Masse auf ein mit Backpapier ausgelegtes Backblech streichen. Auf mittlerer Schiene in den kalten Backofen schieben und bei 180 Grad etwa 25 Minuten backen.

Die Glasur schmelzen und das ausgekühlte Gebäck mit dem Schokoladenguss überziehen. Anschließend in 6 x 5 cm große Stücke einteilen und jeweils mit einer halben Walnuss oder Mandel belegen.

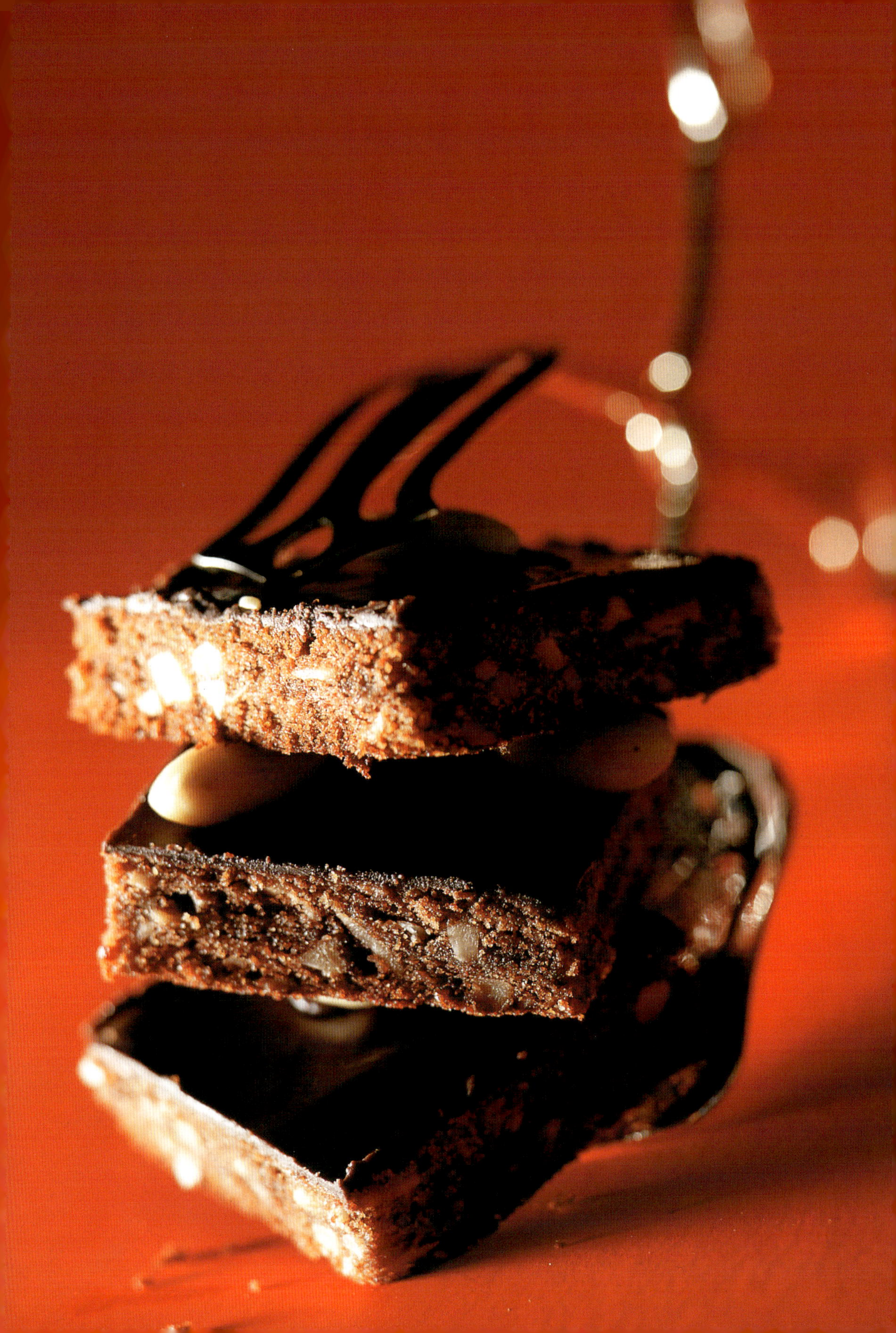

Indische Milch-Toffees

🌿 Empfohlene Haschischmenge
3 g; ergibt 60 Stück
pro Kugel von 1,5 cm ⌀ ca. 0,05 g

2 l Vollmilch
2–3 g Haschisch oder Grass
100 ml Rahm
100 g Zucker
2 EL Butter
4 EL gemahlene Nüsse
(z. B. Cashews oder Haselnüsse)

Rezept von Frank Wortmann

Die Milch in einem großen, schweren Topf auf höchster Flamme aufkochen. Ständig rühren, sonst brennt die Milch an! Wenn die Milch zu steigen beginnt, die Flamme auf mittlere Hitze stellen, so dass die Milch beständig weiter köchelt, ohne zu steigen. Die Milch regelmäßig mit einem breiten Holzspatel umrühren, damit sie nicht am Topfboden ansetzt. Je dickflüssiger die Milch wird, desto öfter muss sie umgerührt werden. Sobald die Milch zu einer zähen Paste wird und der Spatel beim Rühren kurz eine Spur hinterlässt, das fein zerbröselte Haschisch oder Grass sowie Rahm, Zucker und Butter hinzugeben.

Die Paste unter ständigem Rühren weiter einkochen, bis sie so zähflüssig wird, dass sie am Spatel kleben bleibt.

Die Paste vom Feuer nehmen und auf einem Tablett oder Backblech 1 cm dick ausstreichen. Wenn die Masse ausgekühlt ist, kann sie zwischen den Handflächen zu kirschgroßen Bällchen gerollt werden. Die Bällchen in den gemahlenen Nüssen wälzen und eine Weile kaltstellen.

Haschisch-Käsegebäck 🌿

🌿 **Empfohlene Haschischmenge**
6 g; ergibt ca. 120 Stück
pro Stück ca. 0,05 g

200 g Butter
6 g Haschisch
je 2 Messerspitzen Paprika
und Pfeffer
1/2 TL Salz
2 EL Milch oder Wasser
1 Ei, zusätzlich 1 Eiweiß
300 g Mehl
75 g Speisestärke
1 Päckchen Backpulver
200 g geriebener reifer Käse

Zum Garnieren

1 Eigelb, mit 1 EL Milch oder
Wasser verrührt
50 g geriebener reifer Käse,
mit Parmesankäse vermengt
etwas grobes Salz, Kümmel,
Mohn, Paprika und Pfeffer

50 g Butter schmelzen. Das Haschisch im Backofen erwärmen, zerbröseln und in der Butter auflösen. Mit der restlichen Butter verkneten, dann die Gewürze, Milch oder Wasser, Ei und Eiweiß unterrühren.
Mehl, Stärke und Backpulver sieben und mit 150 g Käse vermischen. Mit der Haschisch-Buttermasse verkneten. Anschließend 1 Stunde kühl stellen.
Den Backofen auf 200 Grad vorheizen.
Den Teig dünn ausrollen. Mit dem verdünnten Eigelb bepinseln und anschließend mit dem Käse und den Gewürzen bestreuen; andrücken. Den Teig in Quadrate, Dreiecke oder Rauten schneiden oder Plätzchen ausstechen. Die Plätzchen auf ein vorbereitetes Backblech legen und auf mittlerer Schiene im vorgeheizten Backofen 15–20 Minuten goldbraun backen.

Haschisch-Käsechips 🌿

🌿 **Empfohlene Haschischmenge**
2 g; ergibt ca. 60 Stück
pro Chip ca. 0,03 g

**Der Teig erfordert Geduld,
denn er muss einen Tag lang
im Kühlschrank ruhen.**

50 g Butter
2 g Haschisch
1 gestrichener TL Salz
2 EL Rahm
1 Eigelb
125 g Mehl
50 g geriebener Emmentaler

20 g Butter schmelzen. Das Haschisch erwärmen, zerbröseln und in der Butter auflösen. Mit der restlichen Butter verkneten und anschließend Salz, Rahm und Eigelb hinzufügen.
Das Mehl mit dem Käse vermischen und mit der Buttermasse verkneten. Den Teig zu einer Rolle von 4 cm ø formen und in Backpapier einrollen. Einen Tag kühl stellen, damit sich anschließend möglichst dünne Scheiben schneiden lassen.
Den Backofen auf 175 Grad vorheizen und die Käsechips 8–10 Minuten backen.

Gespritzte Haschisch-**Käsestangen**

Empfohlene Haschischmenge:
2 g; ergibt ca. 20 Stück
pro Stange ca. 0,1 g

150 g Butter
2 g Haschisch
1 Ei
½ TL Salz, ½ TL Paprikapulver
100 g Mehl
100 g frisch geriebener
Parmesankäse
½ TL Backpulver

30 g Butter schmelzen. Das Haschisch erwärmen, zerbröseln und in der Butter auflösen. Mit der restlichen Butter verkneten, anschließend das Ei und die Gewürze unterrühren.
Das Mehl mit dem Käse und dem Backpulver vermischen und unter die Buttermasse ziehen. Nicht zu lange rühren, da sich die Masse sonst nur schwer aufspritzen lässt!
Den Backofen auf 175 Grad vorheizen.
Die Masse in einen Spritzbeutel mit großer Sterntülle füllen und 10 cm lange Stangen auf ein mit Backpapier ausgelegtes Blech aufspritzen. Im vorgeheizten Backofen auf mittlerer Schiene etwa 15 Minuten backen.

Tipp: Sollte die Masse doch zu fest geraten sein, könnt ihr etwas Rahm unterrühren.

Haschisch-Cashewplätzchen

Empfohlene Haschischmenge
2 g; ergibt 60 Stück
pro Plätzchen von 5,5 cm ø ca. 0,03 g

150 g Butter
2 g Haschisch
2 Eier
1 TL Currypulver etwas Salz
150 g gesalzene, gemahlene
Cashewkerne
150 g Mehl
50 g frisch geriebener
Parmesankäse

Zum Bestreuen

1 Eigelb
mit etwas Wasser verrührt
50 g frisch geriebener
Parmesankäse

50 g Butter schmelzen. Das Haschisch erwärmen, zerbröseln und in der Butter auflösen. Mit der restlichen Butter, den Eiern und den Gewürzen verrühren. Die gemahlenen Cashewkerne mit dem Mehl und dem Parmesankäse vermischen und mit der Buttermasse verkneten.
Den Teig mindestens 1 Stunde kühl stellen.
Den Backofen auf 180 Grad vorheizen.
Den Teig auf einer bemehlten Fläche dünn ausrollen und etwa 5 cm große Plätzchen ausstechen. Auf ein mit Backpapier ausgelegtes Backblech legen. Mit dem verdünnten Eigelb bepinseln und mit Parmesankäse bestreuen. Im vorgeheizten Backofen auf mittlerer Schiene 12–15 Minuten backen.

Haschisch-Käsegebäck
Gespritzte Haschisch-Käsestangen
Haschisch-Cashewplätzchen

BERAUSCHEND GUT

Backen mit Grass

Grass-Strudel ♣♣♣

🌿 **Empfohlene Grassmenge**
5 g; für 14–16 Portionen
pro Portion 0,3 g

Nun werdet ihr mit der hohen Kunst der Strudelteigzubereitung vertraut gemacht. Dies sei ein «besonderes Vergnügen für schwangere Frauen», musste ich mir damals von meinem Meister sagen lassen. Das war allerdings noch einer seiner besseren Witze …

Für den Teig

25 g Zucker
1 Ei
50 ml Rahm
1 TL Vanillezucker
1 EL Zitronensaft
Salz
200 g Mehl

Für die Füllung

1 kg Äpfel (zum Backen eignen sich am besten Boskoop)
80 g Butter
5 g fein gehacktes Grass ohne Stumpf und Stiel
80 g geröstete Semmelbrösel
50 g Rosinen, in Rum eingelegt
40 g gehobelte und geröstete Mandeln
75 g zerlassene Butter
150 g Zucker mit
1 TL Zimtpulver vermischt

Zucker, Ei, Rahm und Gewürze miteinander verrühren und das Mehl hinzufügen. Alles gut zu einem geschmeidigen Teig verkneten. In Backpapier einschlagen und mindestens 30 Minuten kühl stellen. Inzwischen die Äpfel schälen, entkernen und in feine Scheiben schneiden (dafür eignet sich bestens ein Gurkenhobel). Die Butter schmelzen und das gehackte Grass darin leicht andünsten. Die gerösteten Semmelbrösel hinzufügen, alles vermengen und abkühlen lassen.
Die Bröselmasse zu den gehobelten Äpfeln geben und sehr sorgfältig vermengen.
Inzwischen hat sich der Teig prima entspannt und ist, nachdem er sich wieder an die Zimmertemperatur gewöhnt hat, bereit für die anstrengende Dehnübung. Einen Tisch mit einem großen Küchentuch belegen und gleichmäßig mit etwas Mehl bestäuben. Den Teig darauflegen und dabei schon in die Länge ziehen. Den Teigstreifen mit einem Teigroller in Länge und Breite vorrollen und dann von Hand ziehen. Dabei greift man mit beiden Händen unter den Teig und zieht ihn von der Mitte jeweils nach außen. Ringsum so verfahren, bis der Teig dünn ist und unsere Masse darauf Platz findet.
(Wem das mit den Händen zu schwierig ist, der verwendet ausschließlich den Teigroller.)

Die Masse so auf dem Teig verteilen, dass oben und an beiden Seiten ein schmaler Streifen frei bleibt. Die Rumrosinen und die gerösteten Mandeln daraufstreuen. Nun wird der Strudel von der belegten Seite her durch Anheben des Tuches aufgerollt; dabei immer wieder nachfassen. Den Strudel mit Hilfe des Tuches auf ein mit Backpapier ausgelegtes Backblech heben.
Den Backofen auf 220 Grad vorheizen.
Den Strudel mit der zerlassenen Butter bestreichen und im vorgeheizten Backofen etwa 30 Minuten knusprig backen. Erneut buttern. Anschließend mit dem Zimtzucker bestreuen und noch warm genießen.
Für die besonderen Leckermäuler empfehle ich dazu Vanillesauce oder Vanilleeis.

Dieses Rezept kann als Video auf unserer Website www.hempasspice.net angesehen werden.

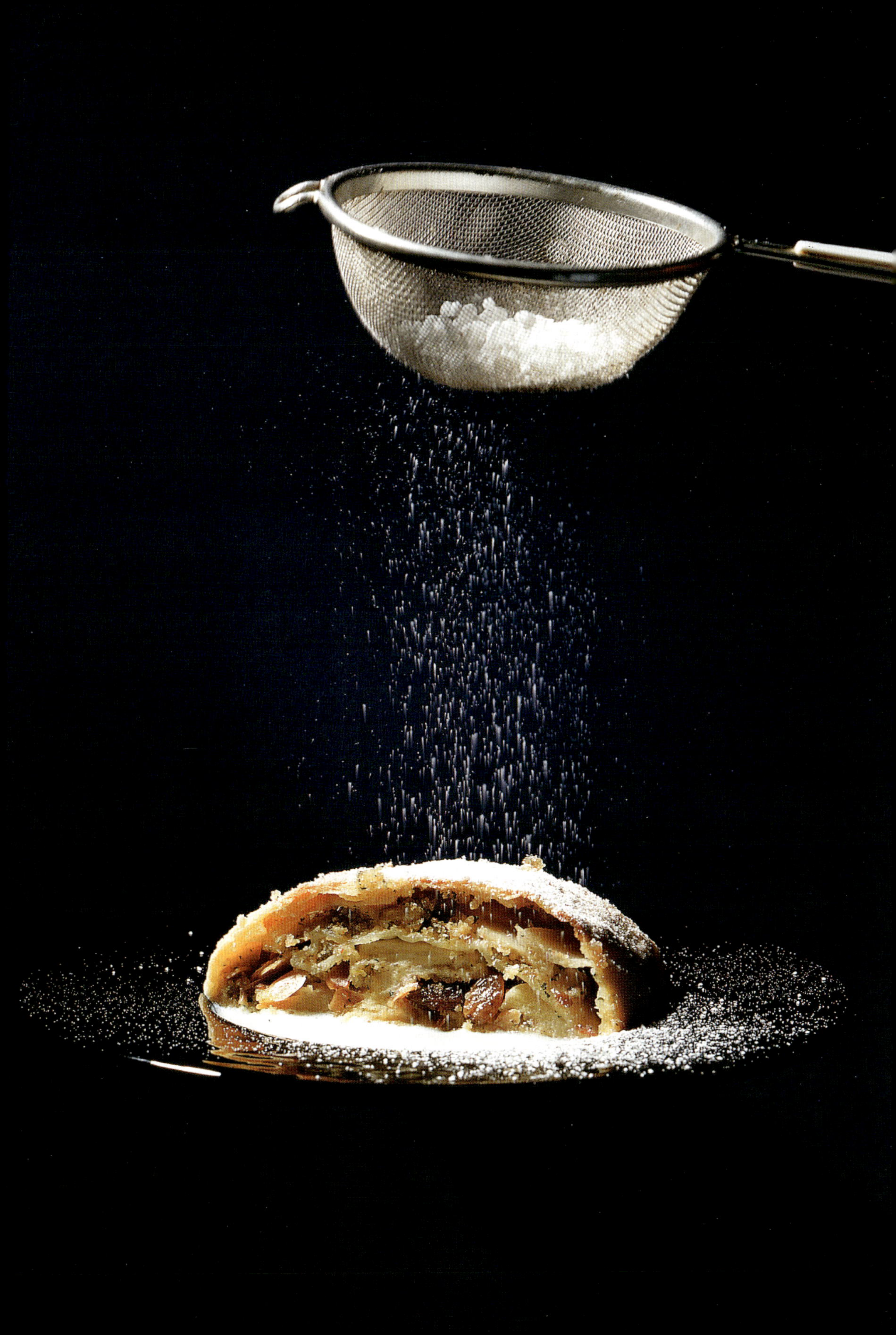

Hanfblatt-Quarkkuchen

🌿 **Empfohlene Grassmenge**
5 g; ergibt 15 Stück
pro Stück 0,3 g

Für ein tiefes Backblech
(notfalls einen Papierrand ansetzen)

125 g Butter
5 g Grass, fein gehackt
125 g Zucker
50 ml Milch
3 Eier
Salz
2 EL Vanillezucker und Saft von ½ Zitrone
250 g Mehl
½ Päckchen Backpulver

Für die Quarkfüllung

5 Eier
225 g Zucker
1 kg Magerquark
40 ml Hanföl oder Sonnenblumenöl
1 EL Vanillezucker
3 Päckchen Vanillesaucenpulver
200 ml Rahm
1 Glas abgetropfte Kaiserkirschen oder andere Früchte

50 g Butter schmelzen. Das fein gehackte Grass dazugeben und auskühlen lassen. Dann die restliche Butter daruntermischen. Zucker, Milch, Eier und die Gewürze mit der Grassbutter verrühren. Das mit dem Backpulver vermischte Mehl darunterkneten.

Den Teig auf dem mit Backpapier ausgelegten Backblech verteilen und einstechen. Bei 200 Grad im vorgeheizten Ofen leicht hellbraun backen. Anschließend die Temperatur auf 180 Grad reduzieren.

Für die Füllung die Eier trennen. Die Eigelbe mit der Hälfte des Zuckers und den übrigen Zutaten verrühren. Nun die Eiweiße mit dem restlichen Zucker steif schlagen und vorsichtig unter die Quarkmasse heben (zuerst nur ein wenig Eischnee unterrühren, um die Masse anzugleichen).

Die Quarkmasse auf dem Teigboden verteilen. Die Früchte auflegen und leicht eindrücken.

Im 180 Grad heißen Backofen auf mittlerer Schiene mit Oberhitze 35 Minuten backen. Den Blechkuchen erkalten lassen und mit Gelee bestreichen.

Gelee

Der natürliche, gesunde Geleetip: Agar-Agar gibt es im Reformhaus oder wesentlich günstiger im chinesischen Einzelhandel. Es wird aus Meeresalgen gewonnen, die auch bei einer Schilddrüsenüberfunktion hilfreich sein können. Außerdem stellt ein Agar-Agar-Gelee den handelsüblichen Tortenguss leicht in den Schatten.

Für einen Blechkuchen

1 ¼ l Wasser
100–200 g Zucker
10–12 g / 6–8 gehäufte TL Agar-Agar
¾ l Apfelsaft

Hinweis: Bei roten Früchten roten Fruchtsaft verwenden.

Diabetiker-Gelee

Für zwei Torten:

½ l Wasser
50 g Fruchtzucker
2–3 g / 1–2 gehäufte TL Agar Agar

Wasser, Zucker und Agar-Agar zusammen aufkochen lassen. Vom Feuer nehmen und den Apfelsaft hinzugeben. Eine Probe nehmen und falls der Guss zu fest sein sollte, noch etwas Saft hinzufügen. Falls er zu weich ist, noch etwas Agar-Agar-Pulver hinzufügen und noch einmal aufkochen. Den Guss im Wasserbad etwas kaltrühren; sobald die Flüssigkeit dickflüssiger wird, auf den Früchten verteilen.

Grass-Quarkbällchen

❧ Empfohlene Grassmenge

1 g; ergibt ca. 20 Stück
pro Stück 0,05 g

2 EL Butter / Grassbutter
250 g Quark
1 EL Vanillezucker
50 g Zucker
2 Prisen Salz
2 Eier
250 g Mehl
1 TL Natron

Zwei Esslöffel Butter in einen Topf geben und das Grass mit dem Vanillezucker bei kleiner Flamme kurz darin andünsten. Danach mit den Gewürzen und Quark verrühren, die Masse sollte nur noch lauwarm sein, wenn die Eier untergerührt werden. Abschließend das Mehl mit dem Natron vermischen und unterrühren. Aus der Masse 20 Bällchen formen und fritieren.

Zum Fritieren

400 g Palm- oder Kokosfett
ein kleiner, aber hoher Kochtopf

Hanf Käsekuchen mit Mandelmürbeteig

🌿 Empfohlene Grassmenge
Dosierung nach Wahl
(siehe Seite 6)

Für eine Springform von 24 cm ø, ergibt 12 Stück

Mandelmürbeteig

80 g Zucker
120 g Butter
   (ein Teil davon aktiviert)
1 Teel. Zimtpulver
2 Prisen Salz
2 EL Limettensaft
Vanillearoma
1 Ei
   (1 EL geschrotete Leinsamen
   mit 30 ml heißem Wasser
   als Ei-Ersatz)
200 g geriebene Mandeln
5 EL Kartoffelstärke
3 EL geriebene Kokosflocken

Tiroler Käsecreme

500 g Magerquark
80 g Zucker
30 g Butter
3 EL Limettensaft
2 Prisen Salz
Vanille-Schote, -Aroma
3 Beutel Vanillecremepulver
¾ l Reis-, Hafer- oder Sojamilch

Belag

ca. 350 g Obst nach Wahl

Gelee

¼ l Wasser oder Apfelsaft
1 Teel. Zucker
1-2 g / 1 gehäuften TL Agar Agar
ggf. noch etwas Apfelsaft

Zuvor einen Teil der Butter aktivieren oder fertig gekochte Grassbutter verwenden. Dann die Butter mit dem Zucker, Gewürzen, Ei/Ersatz verrühren. Die Mandeln, Stärke und Kokosflocken mit der Fettmasse verkneten. Den Teig in die mit Backpapier ausgelegte Backform geben, gleichmäßig darin verteilen und etwas andrücken. Dann mit ansteigender Hitze bei 200 Grad auf mittlerer Schiene in ca. 25-35 Minuten goldgelb backen und auskühlen lassen.

Für die Creme gut die Hälfte der Milch in einen großen Kochtopf geben, den Zucker, das Fett und die Gewürze hinzufügen. Mit geringer Hitze erwärmen. In der Zwischenzeit die restliche Milch mit 3 Beuteln Vanillecremepulver verrühren. Den Quark in einem extra Topf rührend mit wenig Hitze auf ca. 36 Grad erwärmen. Jetzt die gewürzte Milch aufkochen, mit einem Schneebesen das Vanillecremepulver unterrühren und aufkochen lassen. Den Topf von der Kochstelle nehmen, den Quark unterrühren und noch einmal gut rührend kurz aufkochen lassen. Die Masse gleichmäßig auf den gebackenen Boden geben und mit dem vorbereiteten Obst belegen.

Wenn die Masse gut ausgekühlt ist, den Guss zubereiten.

Dafür das Wasser, Zucker und Agar-Agar zusammen aufkochen lassen. Vom Herd nehmen. Eine Probe nehmen, und falls der Guss zu fest sein sollte, noch etwas Saft hinzufügen. Falls er zu weich ist, noch etwas Agar-Agar-Pulver hinzufügen und noch einmal aufkochen. Den Guss im Wasserbad etwas kaltrühren; sobald die Flüssigkeit dickflüssiger wird, auf den Früchten verteilen.

Mary Maroni Cake 🌿

🌿 **Empfohlene Grassmenge**
Dosierung nach Wahl

Für eine Springform von 24 cm ø, ergibt 12 Stück

200 g Butter
   (ein Teil davon aktiv)
100 g Zucker
50 g Vanillezucker
2 EL Limettensaft
2 Prisen Salz
4 Eier
200 g pürierte Maronen
200 g geriebene Mandeln
150 g Kartoffelstärke
50 g Maisstärke
1 Teel. Natron

Zuerst in die Springkuchenform einen Bogen Backpapier einspannen und den übrigen Teil außen abschneiden. Nun die Eier trennen, Eigelbe mit der zimmerwarmen Butter, Grassbutter, 50 g Zucker und den Gewürzen gut aufschlagen. Danach die pürierten Maronen, geriebene Mandeln zufügen und ebenso gut unterrühren.

Die Eiweiße mit einer Prise Salz und 50 g Zucker sehr steif schlagen und im Anschluss Stärke, Natron kurz unterrühren. Nun ein Viertel vom Ei-Stärke-Gemisch mit dem Schneebesen gut unter die Buttermasse rühren und die Masse angleichen. Den restlichen Eischnee vorsichtig unterheben.

Abschließend die Masse in die Kuchenform einfüllen.

Mit ansteigender Hitze auf mittlerer Schiene bei 170 Grad in 35 Minuten goldgelb backen.

Knaster-Zitronen-Baisertorte

🌿 **Empfohlene Grassmenge**
4 g; ergibt 16 Stück
pro Stück 0,25 g

Für 2 Böden von 24 cm ø
(Springform)

125 g Butter
4 g Grass ohne Stumpf und Stiel, möglichst fein gehäckselt
4 Eier
125 g Zucker
etwas Salz
Saft von 1/2 Zitrone
1 EL Vanillezucker
4 EL Milch
150 g Mehl
1 TL Natron

Zitronenbuttercremefüllung

¼ l Milch
¼ Päckchen Vanillecremepulver
2 EL Vanillezucker
125 g Butter
Saft von 1 ½ Zitronen
½ l Rahm
1 Päckchen Rahmhalter (Sahnesteif)
150 g gehobelte geröstete Mandeln

Die Butter schmelzen, das Grass hinzufügen und erkalten lassen. Die Eier trennen. Die Eigelbe mit der halben Zuckermenge schaumig schlagen. Die Gewürze, die Milch und die Grassbutter hinzufügen und kräftig aufschlagen. Dann das gesiebte Mehl mit dem Natron vermischen und langsam unterrühren. Die Masse in zwei mit Backpapier ausgelegte Tortenformen füllen.
Den Backofen auf 170 Grad vorheizen.
Das Eiweiß mit dem restlichen Zucker steif schlagen und auf die Teigböden verteilen. Im vorgeheizten Ofen auf mittlerer Schiene etwa 30 Minuten backen.
Für die Füllung aus Milch und Cremepulver eine Vanillecreme kochen. Mit dem Vanillezucker bestreuen, damit sich keine Haut bilden kann. Die Butter aufschlagen und nach und nach die ausgekühlte Vanillecreme hinzufügen. Anschließend mit dem Zitronensaft aromatisieren. Die Creme auf dem ersten Boden verteilen, 2 EL Creme zurückbehalten.

Den Schlagrahm steif schlagen und auf der Buttercreme verteilen. Nun den zweiten Boden auflegen und andrücken. Mit der restlichen Creme den Rand einstreichen und mit den gerösteten Mandeln garnieren.
Grassblätter auflegen und mit Puderzucker bestreuen. Die Schablonen vorsichtig entfernen.

Grass-Pfeffernüsschen

Empfohlene Grassmenge
5 g; ergibt ca. 40 Stück
pro Stück ca. 0,125 g

Ideal für Leute, die sich nicht beherrschen können und keinen Backofen haben!

10 g Butter
5 g Grass, fein gehackt
2 gehäufte EL (20 g) Honig
2 gehäufte EL (20 g) getrocknete Feigen, fein gehackt
2 gehäufte EL (20 g) Datteln, fein gehackt
2 EL Rosinen, in Rum oder Amaretto eingelegt
1 ½ EL (15g) gehackte, geröstete Mandeln
2 gehäufte EL (20 g) gehackte, geröstete Walnüsse oder Erdnüsse
1 TL weisser Pfeffer
½ TL frisch geriebene Muskatnuss
2 TL Zimtpulver
½ TL Koriander

Die Butter schmelzen. Das fein gehackte Grass beigeben und leicht andüsten, dann den Honig hinzufügen. Mit allen übrigen Zutaten vermengen und aus der Masse kleine Pfeffernüsschen formen.
Trocknen lassen.

Grassgrüne Zimtsterne 🌿🌿

🌿 **Empfohlene Grassmenge**
6 g; ergibt ca. 120 Sterne
pro Stern ca. 0,05 g

2 EL Butter
6 g klein gehacktes Grass
2 EL Vanillezucker
3 Tropfen Bittermandelöl
1 TL Zimtpulver
2 Eiweisse
2 Prisen Salz
200 g gesiebter Puderzucker
275–325 g geriebene Mandeln oder Haselnüsse und Hanfsamen(grieß) zum Ausrollen geriebene Mandeln, mit etwas Puderzucker vermischt

(W)highnachtsgebäck

Zwei Esslöffel Butter in einen Topf geben und das Grass mit dem Vanillezucker bei kleiner Flamme kurz darin andünsten. Danach mit den Gewürzen vermischen und abkühlen lassen.
Die Eiweiße mit zwei Prisen Salz zu sehr steifem Schnee schlagen und nach und nach den gesiebten Puderzucker hinzufügen. Der Schnee muss so fest sein, dass ein Messerschnitt sichtbar bleibt. Zum Bestreichen der Sterne 2 Esslöffel Eischnee zurückbehalten.
Nun drei Viertel der Mandel-Hanfsamen-Mischung unter den Eischnee kneten; je nach Festigkeit noch etwas mehr davon hinzufügen.
Den Backofen auf 120 Grad vorheizen.

Eine Fläche zum Ausrollen mit der Mandel-Puderzucker-Mischung bestreuen und den Teig etwa 1/2 cm dick darauf ausrollen. Sterne ausstechen und auf ein mit Backpapier ausgelegtes Blech legen. Den Backofen auf 120 Grad vorheizen.
Mit dem zurückbehaltenen Eischnee bestreichen. (Falls die Glasur nicht glatt genug ist, mit etwas Wasser glattrühren.)
Auf mittlerer Schiene ca. 20–30 Minuten backen.

Grass-Marzipankartoffeln 🌿🌿

🌿 **Empfohlene Grassmenge**
6 g; ergibt ca. 60 Stück
pro Kartoffel von 2 cm ø ca. 0,1 g

Die Marzipankartoffeln müssen einen Tag lang trocknen!

30 g Butter
6 g fein gehacktes Grass
50 g gesiebter Puderzucker
300 g Marzipanrohmasse
2 Schnapsgläser Amaretto

20 g Butter schmelzen und das Grass darin leicht andünsten. Ein Drittel des Puderzuckers unterrühren und mit Hilfe der Küchenmaschine nochmals fein hacken. Mit der restlichen Butter das Marzipan weich kneten. Den Amaretto hinzugeben und anschließend die Grassmischung unterkneten, so dass eine weiche, aber dennoch feste Masse entsteht. Nach Wunsch noch etwas Puderzucker einarbeiten.
Nun mit den Händen kleine Kartoffeln formen und auf ein Blech legen.

Die Marzipankartoffeln einen Tag trocknen lassen und dann am besten in einer Dose aufbewahren.

Basler Grass-Leckerli
Grassgrüne Zimtsterne
Grass-Marzipankartoffeln

Basler Grass-Leckerli ♣♣♣

🌿 **Empfohlene Grassmenge**
7 g; ergibt ca. 140 Stück
pro Leckerli ca. 0,06 g

Den Schweizern zu Ehren.

10 g Butter
7 g fein gehacktes Grass
250 g Honig
80 g Zucker
etwas Salz
Rum
Saft von ½ Zitrone und
1 TL Zimtpulver
1 Messerspitze frisch geriebene
   Muskatnuss
1 Messerspitze gemahlene
   Nelken
1 Ei
325 g Mehl
2 EL Vanillezucker
1 Päckchen Backpulver
75 g gemahlene Hanfsamen
   oder geröstete Mandeln
35 g Zitronat, 35 g Orangeat

Guss

50 g Zucker
2 EL Wasser

Die Butter erwärmen und das Grass bei niedriger Temperatur kurz darin andünsten.
In einem zweiten Topf Honig, Zucker und Salz erwärmen, bis sich der Zucker ausreichend gelöst hat. Anschließend mit der Grassbutter in eine Rührschüssel geben. Solange die Masse noch lauwarm ist, Rum, Zitronensaft und die Gewürze hinzugeben und das Ei unterrühren. Ein Drittel des Mehls einarbeiten. Das verbliebene Mehl mit Vanillezucker, Backpulver, Hanfsamen, Orangeat und Zitronat mischen und mit der Honigmasse zu einem festen Teig verkneten. Sollte dieser zu klebrig sein, noch etwas Mehl hinzugeben. Den Teig 1 Stunde kühl stellen.
Den Backofen auf 170 Grad vorheizen.
Den Teig einen halben Zentimeter dick ausrollen und auf ein mit Backpapier ausgelegtes Backblech legen. Auf mittlerer Schiene 20–30 Minuten backen.

Für den Guss Zucker und Wasser unter Rühren aufkochen, bis das Wasser verdampft ist und sich im Topf grosse Blasen bilden; der Zucker darf jedoch nicht braun werden!
Das heiße Gebäck schnell damit bestreichen.

Wenn es erkaltet ist, wird es in 2 x 2 cm große Quadrate geschnitten.

Grasstaler für Diabetiker

🌿 **Empfohlene Grassmenge**
2 g; ergibt ca. 50 Stück
pro Taler von 3 cm ⌀ ca. 0,04 g

**Dem einen die Goldtaler,
dem Diabetiker die Grasstaler.**

150 g Butter
2 g fein gehacktes Grass
50 g Diät-Marzipanrohmasse
65 g Fruchtzucker
1 Eigelb
Salz
Saft von ½ kleinen Zitrone
1 EL Vanillezucker
   (mit Diabetikerzucker hergestellt)
   oder 2 Tropfen Vanillearoma und
   etwas Zimtpulver
250 g Mehl (Typ 550 Halbweißmehl
   oder Vollkornmehl)

50 g Butter schmelzen, das Grass darin leicht andünsten und anschließend mit der restlichen Butter vermengen. Etwas von der Grassbutter abnehmen und die Marzipanrohmasse damit weich kneten. Zucker, Eigelb und Gewürze unterkneten. Die Masse darf nicht schaumig werden! Zum Schluss das Mehl unterkneten. Den Teig in zwei Hälften teilen und zu gleichmäßig großen Würsten rollen. Mindestens 1 Stunde kühl stellen und anschließend in 3 Millimeter dicke Taler schneiden.
Im auf 180–200 Grad vorgeheizten Backofen 8–10 Minuten backen.

Hanf-Haferflöckchen

🌿 **Empfohlene Grassmenge**
5 g; ergibt 65 Stück
pro Kugel von 3 cm ⌀ ca. 0,13 g

150 g Butter
5 g fein gehacktes Grass
150 g Zucker
1 EL Vanillezucker
1 Ei
etwas Zitronensaft
etwas Zimtpulver
80 g Vollkornmehl
1 TL Natron
100 g feine Haferflocken
50 g Kokosflocken
100 g gehackte Mandeln
50 g Rosinen

50 g Butter erwärmen und das Grass bei niedriger Temperatur kurz darin andünsten. Mit der restlichen Butter vermengen. Die Grassbutter mit dem Zucker, Vanillezucker, Ei und den Gewürzen verrühren. Das Mehl mit dem Natron und den Haferflocken vermischen und unterrühren. Zum Schluss die Kokosflocken, die Mandeln und die Rosinen vorsichtig daruntermengen.
Ein Backblech mit Backpapier auslegen. Den Backofen auf 175 Grad vorheizen. Aus dem Teig mit nassen Händen, Bällchen von 3 cm ⌀ formen und mit Abstand auf dem Backblech verteilen. Im vorgeheizten Backofen auf mittlerer Schiene etwa 15 Minuten backen.

Zitronen-Grass-Stäbchen

🌿 Empfohlene Grassmenge
7 g; ergibt ca. 130–140 Stück
pro Stäbchen ca. 0,05 g

200 g Butter
7 g fein gehacktes Grass
150 g gesiebter Puderzucker
2 EL Vanillezucker
6 Eigelb
2 Prisen Salz
abgeriebene Schale und Saft
   von 1 ungespritzten Zitrone
   oder Zitronenschalenaroma
450 g gesiebtes Mehl

Glasur

100 g gesiebter Puderzucker
3 EL Zitronensaft

50 g Butter schmelzen und das Grass darin kurz andünsten; abkühlen lassen. Mit der restlichen Butter, dem Puderzucker, dem Vanillezucker, den Eigelben und den Gewürzen verkneten. Zum Schluss das Mehl einarbeiten. Den Teig mindestens 1 Stunde kühl stellen. Den Backofen auf 180 Grad vorheizen. Anschließend den Teig in 4 Teile teilen und jeden zu einem 6 cm breiten Streifen von ½ cm Dicke ausrollen. Mit dem Teigschaber oder einem Messer 1 cm breite Stäbchen abstechen oder abschneiden. Auf ein mit Backpapier ausgelegtes Backblech legen und im vorgeheizten Backofen auf mittlerer Schiene etwa 12 Minuten backen.

Den Puderzucker mit dem Zitronensaft verrühren. Die Glasur in einen Papierspritzbeutel füllen, die Spitze abschneiden und die Glasur wellenförmig auf die ausgekühlten Plätzchen aufspritzen.

Tipp: Spritzbeutel lassen sich leicht selbst herstellen. Dafür ein 30x30 cm großes Quadrat aus Backpapier zuschneiden, diagonal falten und entlang dem Falz durchschneiden. Das entstandene Dreieck eindrehen. Das aufstehende Ende zweifach umknicken. Die Masse einfüllen und dann erst die Spitze abschneiden. Je tiefer ihr die Schere ansetzt, desto feiner wird das Loch.

Wie man einen Spritzbeutel herstellt, kann als Video auf unserer Website www.hempasspice.net angesehen werden.

Orangen-Grass-Buttons
Zitronen-Grass-Stäbchen

Orangen-Grass-Buttons

🌿 Empfohlene Grassmenge
7 g; ergibt ca. 140 Stück
pro Stück ca. 0,05 g

200 g Butter
7 g fein gehacktes Grass
150 g Zucker
Saft und Schale von
   2 ungespritzten Orangen
   oder Orangenschalenaroma
6 Eiweiße
2 Prisen Salz
200 g gesiebtes Mehl

Glasur

150 g gesiebter Puderzucker
4 EL Orangensaft

geriebene Orangenschale
fein gehacktes Grass oder
geriebene Pistazien zum
Garnieren

50 g Butter schmelzen und das Grass bei niedriger Temperatur kurz darin andünsten. Mit der restlichen Butter vermengen. Die Grassbutter mit 50 g Zucker schaumig rühren und zuletzt den Orangensaft und die Orangenschale untermischen.
Die Eiweiße mit dem restlichen Zucker (100 g) und dem Salz sehr steif schlagen.

(Die übrig gebliebenen Eigelbe können bei den «Zitronen-Grass-Stäbchen» Verwendung finden.)

Das Mehl nach und nach unter die Buttermasse rühren. Anschließend etwas Eischnee unterrühren und den Rest vorsichtig unterheben.
Falls die Masse zu flüssig ist, etwas Mehl hinzufügen.
Den Backofen auf 150 Grad vorheizen.
Die Masse in einen Spritzbeutel mit großer Lochtülle füllen und walnussgroße Häufchen auf ein mit Backpapier ausgelegtes Backblech spritzen. Da die Plätzchen breit verlaufen, genügend Abstand lassen. Im vorgeheizten Backofen auf mittlerer Schiene 10–12 Minuten backen.

Tipp: Wer es gern süß mag, kann die Buttons noch glasieren. Dafür den Puderzucker mit dem Orangensaft verrühren und die Plätzchen damit bestreichen. Wahlweise mit Orangenschale oder etwas Grass bestreuen. Auch geriebene Pistazien passen farblich gut dazu.

Grasskranz 🌿🌿🌿

🌿 **Empfohlene Grassmenge**
4 g; ergibt 20 Stück
pro Stück 0,2 g

Für eine gefettete Kranzkuchenform von 24 cm ø

500 g Mehl
1 Würfel Hefe (40 g)
¼ l lauwarme Milch
125 g Butter
100 g Zucker
2 Eier
2 EL Zitronensaft
Salz
2 EL Vanillezucker
Zimtpulver

Füllung

etwas Butter
4 g fein gehacktes Grass
25 g gemahlener Mohn
40 g gemahlene Hanfsamen
¼ l heißer Apfelsaft
2 EL Rosinen
1 Eigelb

Glasur

Schokoladenglasur
oder Puderzucker

Das Mehl und die Hefe mit der lauwarmen Milch zu einem Vorteig verarbeiten und 10 Minuten gehen lassen. Die Butter zerlassen. Zucker, Eier, Zitronensaft und Gewürze verquirlen. Alles zum Vorteig geben und zu einem weichen, trockenen Hefeteig verarbeiten. Den Teig weitere 20 Minuten gehen lassen.

Etwas Butter in einen Topf geben und das fein gehackte Grass hinzufügen. Mohn, Hanfsamen und Apfelsaft beigeben. Alles langsam köcheln lassen. Die Masse darf weder zu fest noch zu flüssig sein. Die Rosinen beigeben und auskühlen lassen.

Den Hefeteig zu einem Rechteck von 54 cm Länge ausrollen. Mit einem Teigschaber die Füllung gleichmäßig darauf verteilen. Den Teig von der Längsseite her aufrollen. Die Kanten und die Enden mit dem verquirlten Eigelb bestreichen und gut zusammendrücken, damit die Füllung nicht herausquillt. Die Rolle mit der Naht nach unten in die Form legen und die Teigenden miteinander verbinden.

Den Kranzkuchen auf der unteren Schiene mit ansteigender Hitze bei 180 Grad etwa 50 Minuten backen.

Den Kuchen mit Schokoladenglasur überziehen oder mit Puderzucker bestäuben.

Deli Grass-Früchte-Kuchen

🌿 nach Wahl

Eine Springform (ø 26 cm)

Belag

ca. 500 g frische oder 250 g tiefgekühlte Früchte oder 1 Glas Sauerkirschen

fakultativ: gehackte Schokolade

Rührteig

170 g weiche Butter (dabei die gewählte Grassbutter-Menge berücksichtigen)
150 g Marzipan-Rohmasse
130 g Zucker
2 EL Vanillin-Zucker
2 Prisen Salz
etwas Zimt
Saft von einer ½ Limette
4 Eier
240 g Mehl
1 gestrichener EL Natron

Zum Bestäuben

1 EL Puderzucker

Die Früchte und Springform vorbereiten. Den Backofen auf 180°C vorheizen.

Zuerst die Marzipan-Rohmasse mit ca. 30g Butter weichkneten, damit es keine Klümpchen gibt. Dann die restliche Buttermischung hinzu. Mit dem Zucker, Gewürzen und den Eiern auf höchster Stufe geschmeidig rühren.

Mehl und Natron mischen und kurz auf mittlerer Stufe unterrühren. Teig in der Springform glatt streichen. Früchte darauf verteilen. Wenn Schokolade dabei ist, sollte diese unter den Früchten liegen, da sie sonst verbrennt.

Auf mittlerer Schiene ca. 30 Minuten backen. Evtl. noch etwas im ausgestellten Ofen stehen lassen.

Vor dem Servieren mit Puderzucker bestäuben.

Hanf-Bananen-Brot 🌿🌿

🌿 **Empfohlene Grassmenge**
4 g; ergibt ca. 20 Stück
pro Scheibe ca. 0,2 g

Für eine 30 cm lange, gefettete und mit Paniermehl ausgestreute Kastenform

30 g Butter
4 g fein gehacktes Grass
2 reife Bananen
120 g Bienenhonig
4 Eier
2 EL Milch/Wasser
200 g glutenfreie Mehlmischung
100 g gemahlene Hanfsamen
1 TL Natron
3 EL Vanillezucker
50 g Speisestärke
etwas Salz

Glutenfrei!

Die Butter schmelzen und das Grass bei niedriger Temperatur kurz darin andünsten. Die Bananen pürieren und die Grassbutter darunterrühren.
Den Honig mit den Eigelben schaumig rühren, anschließend die Milch/Wasser und das erkaltete Bananenmus unterrühren.

Das gesiebte Mehl mit den Hanfsamen und dem Natron vermischen und nach und nach unter die Masse rühren.

Die Eiweiße mit dem Vanillezucker zu sehr steifem Schnee schlagen, die Speisestärke zusammen mit etwas Salz langsam einrühren und den Eischnee anschließend mit dem Schneebesen unter die Masse ziehen.

Die Masse in die vorbereitete Form füllen und glattstreichen.

Mit ansteigender Hitze bei 160 Grad auf mittlerer Schiene ca. 60 Minuten backen.

Huberts Tipp: Sollte das Brot oder auch anderes Gebäck einmal zu feucht werden, kann man es in dünne Scheiben schneiden und noch ein zweites Mal (bei 180 Grad 10 Minuten) backen. Zwieback stand für diesen Notbehelf Pate, und vielleicht ist er ja auch auf diese Art entstanden.

Hanfbrot im Blumentopf 🌿🌿

🌿 **Empfohlene Grassmenge**
4 g; ergibt 2 x 4 Portionen
pro Stück 0,5 g

Zwei funkelnagelneue Blumentöpfe von 13 cm ø

500 g Mehl
30 g Hefe
1 Prise Zucker
1/8 l lauwarme Milch
½ l Wasser
2 Zwiebeln
2 Knoblauchzehen
4 g Grass ohne Stumpf und Stiel
50 g Butter/Öl
½ TL Salz
1 TL Anispulver
2 Prisen geriebene Muskatnuss
½ TL getrockneter Rosmarin
2 Eier
Hanfsamen zum Bestreuen

350 g Mehl, Hefe und Zucker mit der lauwarmen Milch und dem Wasser zu einem Vorteig verarbeiten. 15 Minuten gehen lassen. Die Blumentöpfe einfetten. Die Zwiebeln, den Knoblauch und das Grass fein hacken. Zwiebel und Knoblauch in der Butter/dem Öl kurz andünsten und die Gewürze hinzufügen.
Das Grass zum Schluss nur kurz mitdünsten. Alles erkalten lassen. Anschließend die Eier unterrühren.
Das restliche Mehl mit dem Vorteig verkneten. Nun die Würzmischung zum Hefeteig geben und unterkneten. Nochmals 15 Minuten gehen lassen. Den Teig teilen und in die beiden Blumentöpfe geben. Weitere 20 Minuten gehen lassen. Den Backofen auf 220 Grad vorheizen.
Die Oberfläche der Brote mit Wasser bestreichen und mit Hanfsamen bestreuen.
Die Brote im vorgeheizten Backofen auf der unteren Einschubleiste 40 Minuten backen.

Grass-Buchweizenbrot 🌿🌿

🌿 **Empfohlene Grassmenge**
6 g; ergibt ca. 20 Stück
pro Scheibe ca. 0,2–0,3 g

500 g Buchweizenmehl
30 g Hefe
1 TL Zucker
450 ml lauwarmes Wasser
 (300–350 ml für den Vorteig)
2 EL Distelöl (o.ä.)
6 g fein gehacktes Grass
1 Ei
50 g Nüsse

Zum Bestreuen

2 EL gemahlene Nüsse oder
 Hanfsamen
½ TL Salz Nüsse oder
 Hanfsamen

Ein Drittel des Mehls mit der Hefe, dem Zucker und 300–350 ml lauwarmem Wasser zu einem Vorteig kneten. Den Teig rund 10 Minuten gehen lassen. Das Öl erwärmen und das Grass darin bei niedriger Temperatur andünsten. Auskühlen lassen.
Nun das restliche Mehl mit dem restlichen Wasser und dem Ei vermengen und unter den Vorteig kneten. Die Nüsse oder Hanfsamen mit dem Grass mischen und ebenfalls unterkneten. Sollte der Teig zu fest sein, noch etwas Wasser hinzufügen.
Den Teig zu einem runden Laib formen, mit einem Tuch abdecken und an einem warmen Ort 20 Minuten gehen lassen.
Den Backofen auf 180 Grad vorheizen.
Das Brot auf ein mit Backpapier ausgelegtes Backblech legen und längs an beiden Seiten einschneiden. Mit Wasser bepinseln und wahlweise mit Hanfsamen oder Nüssen bestreuen, leicht eindrücken. Im vorgeheizten Backofen auf mittlerer Schiene 50–60 Minuten backen.

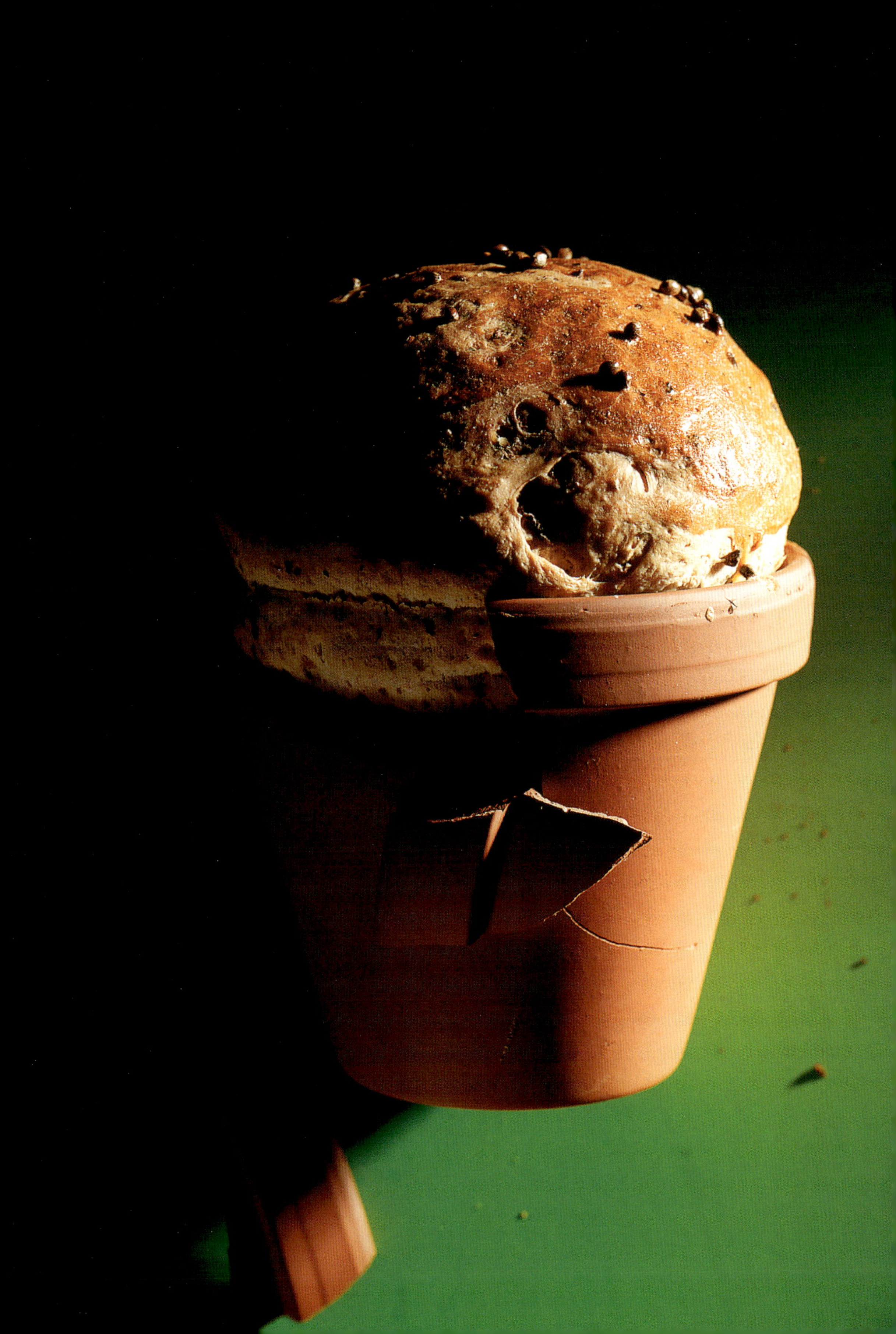

Weed Well Bread 🌿

Gluten-, lactose-, ei- & hefefrei
mit Grass, Dosierung nach Wahl

Eine runde Back- oder Auflaufform

200 g Buchweizen-Mehl
150 g Kartoffelstärke
200 g gemahlene Mandeln
100 g Sojamehl
100 g gemahlene Leinsamen
100 g gemahlene Walnüsse
   oder Hanfsamen
50 g Sesam
2 gestrichene EL Natron
1 TL Anis
15 g Meer- oder Himalaja-Salz
1 TL braunen Zucker
30 g Sonnenblumen- oder
   Olivenöl
550 g Wasser

Mehl, gemahlene Mandeln, Samen, Gewürze und Natron vermengen dann Wasser, Öl und Grassbutter dazu und gut verkneten.

In die Backform geben und 40 Min. auf der mittleren Schiene des Backofens bei 180 Grad backen.

Nach 30 Minuten den Ofen ausschalten und noch 10 Minuten im Backofen lassen.

Grass-Stangen mit Mohn und Sesam 🌿🌿

🌿 **Empfohlene Grassmenge**
3 g; ergibt ca. 30 Stück
pro Stange ca. 0,1 g

125 g Butter
3 g fein gehacktes Grass
etwas Pfeffer und Paprika
½ TL Salz
50 ml Rahm oder Creme fraiche
200 g Mehl

Zum Bestreuen

Mohn und Sesam

75 g Butter schmelzen und das fein gehackte Grass kurz darin anschwitzen. Zur restlichen Butter in eine Rührschüssel geben und mit den Gewürzen und dem Rahm oder der Creme fraiche verrühren. Zum Schluss das Mehl von Hand unterkneten.
Den Teig mindestens 30 Minuten kühl stellen.
Den Backofen auf 180 Grad vorheizen.
Den Teig auf einer bemehlten Fläche etwa ½ cm dick zu einem Rechteck von 8 x 40 cm ausrollen. In 1½ cm breite Streifen schneiden.
Mit Wasser bestreichen und mit Sesam und Mohn bestreuen. Auf ein mit Backpapier ausgelegtes Backblech legen und im vorgeheizten Ofen auf mittlerer Schiene 10–12 Minuten backen.

Supergrass-Schnittchen 🌿🌿🌿

🌿 Empfohlene Grassmenge
6 g; ergibt 120 Stück
pro Schnitte ca. 0,05 g

Für ein 36 x 30 cm grosses Backblech

250 g Butter
125 g Zucker
etwas Salz
Saft von ½ Zitrone
4 EL Wasser
500 g Mehl

Füllung

20 g Butter
6 g fein gehacktes Grass
100 g Honig
etwas Zitronensaft
1 Eigelb
30 ml Rahm
250 g geröstete und gemahlene Hanfsamen
100 g gehackte Walnüsse oder gemahlene Sonnenblumenkerne
100 g in Amaretto eingelegte Rosinen

Glasur

200 g Puderzucker
2 TL Amaretto

Eine Hommage an einen wunderbaren Film, «Supergrass» von Patrick Duval

Die Butter mit dem Zucker, den Gewürzen und dem Wasser verkneten, dann das Mehl einarbeiten und den Teig 1 Stunde kühl stellen.

Für die Füllung die Butter zerlassen und das Grass kurz darin andünsten. Den Honig und Zitronensaft dazugeben. Sobald die Füllung abgekühlt ist, das Eigelb und den Rahm unterrühren. Mit den Hanfsamen, den Nüssen oder Sonnenblumenkernen und den Rosinen verkneten.
Den Backofen auf 200 Grad vorheizen.
Die Hälfte des Mürbeteigs ausrollen und auf ein mit Backpapier ausgelegtes Backblech legen. Die Füllung aufstreichen und die zweite ausgerollte Mürbeteighälfte darüberlegen. Die Oberfläche mehrmals einstechen und das Ganze auf mittlerer Schiene im vorgeheizten Backofen goldbraun backen.

Für die Glasur den Puderzucker mit dem Amaretto verrühren und den ausgekühlten Kuchen damit bestreichen. Den Blechkuchen in etwa 2 x 4 cm große Schnitten schneiden.

Pikante Grass-Torte 🌿🌿🌿

🌿 **Empfohlene Grassmenge**
5 g; ergibt 15 Stück
pro Stück 0,3 g

Für eine Springform von 20 cm ø

300 g Blätterteig
 (tiefgefroren oder besser frisch)
100 g Zwiebeln
etwas Butter
5 g fein gehacktes Grass
600 g Rahmfrischkäse
2 EL Tomatenmark
Salz, Pfeffer, Paprika
1 Spritzer Zitronensaft
1 Prise Zucker
Worcestersauce
2 Knoblauchzehen
ca. 1 Bund frische Kräuter
16 Radieschen

Den Blätterteig dünn ausrollen und zwei Böden mit einem ø von 20 cm ausstechen. Das Backblech mit Backpapier auslegen oder kalt abspülen. Die Teigböden darauflegen und 20 Minuten ruhen lassen.
Inzwischen den Backofen auf 220 Grad vorheizen. Die Teigböden auf mittlerer Schiene 15 Minuten backen. Die Zwiebeln fein hacken und in etwas Butter andünsten. Das fein gehackte Grass hinzufügen, umrühren und von der Herdplatte nehmen. 300 g Frischkäse mit dem Tomatenmark und den Zwiebeln vermengen und mit den Gewürzen abschmecken. Die Masse auf dem ersten Teigboden verteilen, den zweiten Boden auflegen und leicht andrücken. 250 g Frischkäse mit Knoblauch, Gewürzen und Kräutern abschmecken und die Torte damit einstreichen.
Zum Garnieren den restlichen Käse in den Spritzbeutel geben und Rosetten auf die in 16 Stücke eingeteilte Torte spritzen. Auf jede Rosette ein Radieschen setzen.

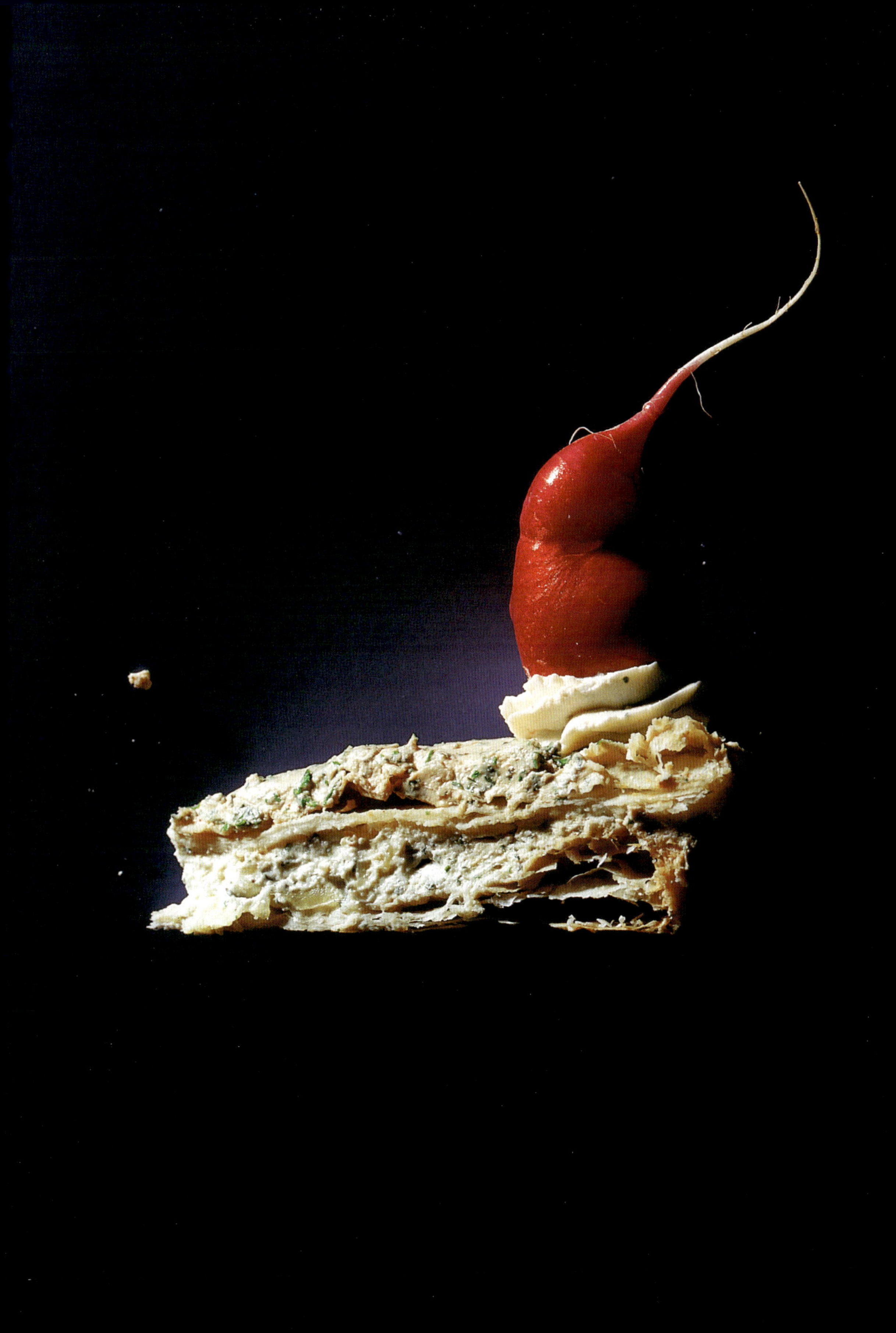

BERAUSCHEND GUT

Das Wichtigste zuerst: Hanfsamen enthalten kein THC (Tetrahydrocannabinol). Sie unterliegen nicht dem Betäubungsmittelgesetz und sind deswegen im Handel frei erhältlich.

Wo kann ich Hanfsamen kaufen? Im Hanffachhandel und in der Tierfutterhandlung. Der Kilopreis für „Vogelfutterhanf" liegt in Deutschland zwischen 3 und 6 Euro, in der Schweiz bei etwa 10 Franken. „Bio Hanfsamen" sind ab 9 Euro erhältlich. In den USA liegt der Preis für „Organic Hemp" zwischen 25–50 $. Der sehr hohe Preis dort ist eine Folge des Anbauverbots von Nutzhanf, da die Samen importiert werden müssen.

Leider werden die Samen aus konventionellen Anbau zum Teil noch bestrahlt, um ihre Keimfähigkeit zu unterbinden. Daher ist es gesünder beim Kauf darauf zu achten, dass diese unbehandelt sind.

Wie bereite ich die Hanfsamen zur Weiterverarbeitung als Lebensmittel vor? Wenn die Samen als Vogelfutter gekauft werden, enthalten sie als lästige Beigabe kleine Steine und jede Menge Sand. Daher müssen sie erst mal gut gewaschen werden.
Die Samen im Spülbecken einweichen. Einen Moment warten, damit die Steinchen nach unten absinken. Nun können die Samen mühelos mit den Händen von der Wasseroberfläche in ein Haarsieb abgeschöpft werden. Anschließend noch einmal nachspülen. Abtropfen lassen und im Backofen bei 200 Grad, je nach Rezept, trocknen oder rösten, dabei öfter wenden.

Wie lassen sich die Samen am besten klein mahlen? Geeignet ist eine manuell oder elektrisch betriebene Kaffeemühle oder kleine Haushaltsmaschinen, wie zum Beispiel die traditionellen Haushaltsmixer mit Glasaufsatz. Nicht ratsam ist eine Getreidemühle, da die Mahlsteine durch den hohen Eiweißgehalt der Hanfsamen verkleben und unbrauchbar werden können.

Backen mit Hanfsamen

THC – Grenzwert für Nutzhanf in der EU bis 0,2 %, in Österreich bis 0,3 % und in der Schweiz bis 1 %.

Hanfsamen-Museumskuchen

Für eine Springform von 26 cm ø

300 g Butter
7 Eier
250 g Zucker
2 Prisen Salz
2 EL Vanillezucker
Saft von ½ Zitrone
130 g Mehl
300 g gemahlene Hanfsamen
90 g Speisestärke

Die Butter weich kneten. Die Eier trennen. 50 g Zucker mit den Eigelben, den Gewürzen und der Butter kräftig aufschlagen. Das Mehl mit den gemahlenen Hanfsamen vermischen; sollten die Samenhülsen noch zu grob sein, besteht die Möglichkeit, diese nochmals zu vermahlen. Nach und nach unter die Buttermasse rühren.
Den Backofen auf 210 Grad vorheizen.
Die Eiweiße mit dem restlichen Zucker steif schlagen und anschließend die Speisestärke vorsichtig unterrühren. Ein Drittel der Eischneemasse unter die Buttermasse rühren, dann den Rest vorsichtig unterheben. In die gebutterte, mit Paniermehl ausgestreute Springform geben. Den Kuchen etwa 10 Minuten bei 210 Grad Anfangshitze, dann auf 190 Grad abfallend noch etwa 40 Minuten backen.
Nach dem Auskühlen mit Cannabisblättern belegen und mit Puderzucker bestäuben. Die Blätter anschließend vorsichtig entfernen.

Diabetiker-Hanfsamengebäck

Für 60 Stück

250 g Butter
120 g Fruchtzucker
2 Eier
1 Eigelb
Salz, Saft von ½ Zitrone
1 TL Zimtpulver
375 g Mehl
150 g gemahlene Hanfsamen

Die Butter mit dem Fruchtzucker, den Eiern, Eigelb und Gewürzen von Hand verkneten. Das Mehl mit den gemahlenen Hanfsamen vermengen und anschließend darunterkneten, bis ein homogener Mürbeteig entsteht. Den Teig in zwei Hälften teilen und zu Stangen formen. 1 Stunde kühl stellen. Den Backofen auf 200 Grad vorheizen.
Die Stangen in 2 cm dicke Scheiben schneiden und im vorgeheizten Backofen etwa 10 Minuten backen.

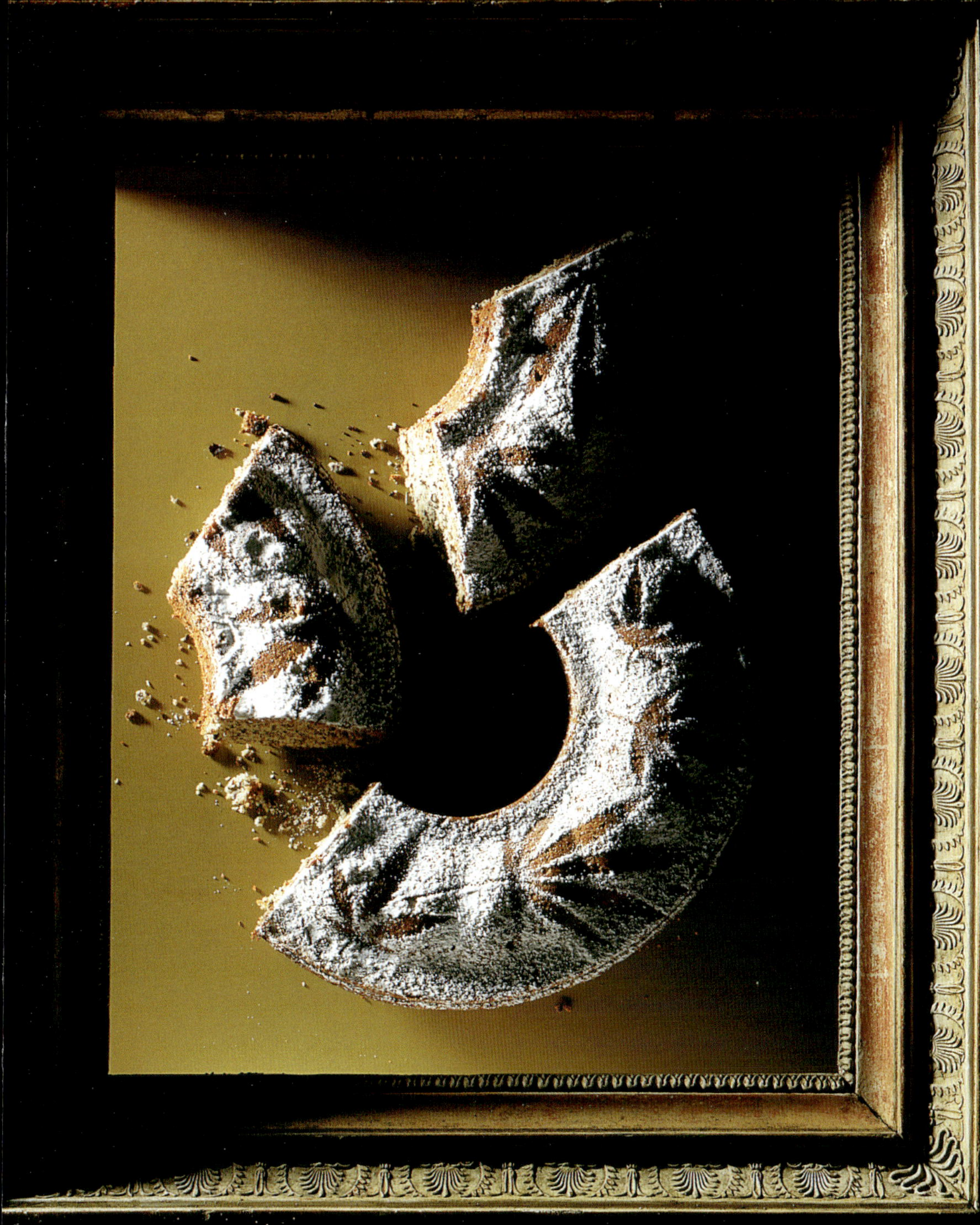

Berliner Hanfkipferl

Für ca. 60 Stück

280 g Mehl
100 g gemahlene Hanfsamen
200 g Butter
70 g Zucker
2 Eigelbe
1 Prise Salz
5 EL Vanillezucker
50 g gesiebter Puderzucker

Das gesiebte Mehl mit den Hanfsamen mischen und mit der Butter, dem Zucker, den Eigelben und dem Salz zu einem Mürbeteig verkneten. Den Teig eingewickelt 2 Stunden im Kühlschrank ruhen lassen.
Den Backofen auf 180 Grad vorheizen.
Den Teig portionenweise zu Röllchen formen. Diese in fünf Zentimeter lange Stücke schneiden und in Kipferlform biegen. Auf ein mit Backpapier belegtes Blech legen.
Im vorgeheizten Backofen auf mittlerer Schiene 10 Minuten goldbraun backen.
Den Vanillezucker mit dem Puderzucker mischen und die noch warmen Kipferl darin wälzen.

Schokoladen-Hanfmakronen

Für ca. 60 Stück

100 g zartbittere Kuvertüre
250 g gemahlene Hanfsamen
50 g Speisestärke
4 Eiweiße
200 g Zucker
1 Prise Salz
1 Päckchen kleine Backoblaten

Die Schokolade in Späne raspeln, mit den gemahlenen Hanfsamen und der Speisestärke vermischen. Die Eiweiße mit dem Zucker und einer Prise Salz zu steifem Eischnee schlagen. Die Schokoladen-Hanf-Mischung vorsichtig unter den Eischnee heben.
Den Backofen auf 180 Grad vorheizen.
Die Backoblaten auf den mit Wasser abgespülten Blechen verteilen und kleine Teighäufchen daraufsetzen.
Im vorgeheizten Backofen auf mittlerer Schiene 15–20 Minuten backen.

Hanfiges Saatenbrot 🌿🌿

Ergibt ein großes oder zwei flache Kastenbrote a 35 cm

10-13 Stunden Quellzeit

100 g feine Hafer- oder Hirseflocken
100 g gemahlene Hanfsamen
50 g Buchweizen-, Braunhirse- oder Teffmehl
200 g geriebene Leinsamen
200 g Sonnenblumenkerne
100 g gepufften Amaranth oder Quinoa
120 g Sesamsamen
60 g Kartoffelmehl
40 g Cashew-, Erdnuss,- oder Mandelmus
100 g Kokosfett, o.ä. ein Teil davon aktiviert
700 g Wasser
1 Teel. Zucker, 1 gestr. EL Salz
1 EL Natron
2 gestr. EL Guarkernmehl

Optional:

4 EL Flohsamen
2 EL Ahornsirup

Zum Bestreuen:

Samen nach Wahl

Alle trockenen Zutaten in eine große Schüssel geben. Das Fett bei niedriger Stufe erhitzen, so dass es flüssig, aber nicht zu heiß ist. Das Wahl-Mus dazu geben und verrühren. Für den Teig die gesamte Wassermenge in die befüllte Schüssel geben und mit dem Haushaltsmixer bei höchster Stufe kurz verquirlen, dann die Fettmasse während des Rührens zugießen und in ca. 8 Minuten alles gut verrühren. Nun die Schüssel mit einem Geschirrtuch abdecken und den Teig mindestens 10-12 Std. quellen lassen.

Die Backform/en mit Backpapier auskleiden. Den Teig gleichmäßig einfüllen und leicht glatt drücken. Mit Wasser bepinseln und mit Samen bestreuen. Mit ansteigender Backhitze bei 180 Grad auf mittlerer Schiene 30 Minuten backen. Danach das Brot aus der Form nehmen und weitere 40 Minuten backen. Wenn die Brotkruste noch nicht knackig genug ist, kann es noch etwas länger im Ofen bleiben.

Hinweis: Haferflocken werden von Allergikern nur z.T. vertragen. Häufig können durch die Verarbeitung in den Betrieben noch Spuren von Gluten enthalten sein. Zöliakie-Betroffene können dann den Anteil von glutenfreien Hanfsamen erhöhen oder auch auf Hirseflocken ausweichen.

Kokoshanfsamenriegel 🌿🌿

Für ein Backblech, ergibt etwa 40 Riegel

6 Eier
200 g Zucker
Salz, Saft von ½ Zitrone
120 g Weizengrieß
60 g gemahlene Hanfsamen
90 g Kokosflocken
50 g Rohrzucker
90 g Hanfsamen

Die Eier trennen. Die Eigelbe mit 100 g Zucker, dem Salz und der Zitronenschale aufschlagen. Die Masse sollte standfest sein. Den Weizengrieß mit den gemahlenen Hanfsamen mischen und langsam unter die Eigelbmasse rühren.
Nun die 4 Eiweiße mit 100 g Zucker steif schlagen. Den Eischnee ebenfalls unter die Eigelbmasse heben.
Den Backofen auf 180 Grad vorheizen.
Die Masse auf ein mit Backpapier ausgelegtes Backblech geben. Gleichmäßig verteilen! Mit den Kokosflocken, dem Rohrzucker und den Hanfsamen bestreuen.
Im vorgeheizten Backofen auf mittlerer Schiene 20–30 Minuten backen.
Anschließend den Blechkuchen in Riegelform schneiden.

Feigen-Hanfsamenriegel 🌿🌿

Für ein Backblech, ergibt etwa 40 Riegel

Füllung

500 g Feigen
100 g gemahlene Hanfsamen
ca. ½ l Apfelsaft, evtl. ein wenig mehr

Teig

300 g Weizenvollkornmehl
300 g Butter
300 g Haferflocken
90 g Rohrzucker
4 EL Sesamsamen
40 g Hanfsamen

Alle Zutaten für die Füllung zusammen auf kleiner Flamme köcheln lassen; nicht vergessen umzurühren. Falls nötig noch Apfelsaft hinzufügen. Nach dem Weichkochen auskühlen lassen.

Alle Zutaten für den Teig bis auf die Hanfsamen verkneten. Diese erst zum Schluss hinzufügen. Gut die Hälfte des Teiges auf ein mit Backpapier ausgelegtes Backblech geben. Den Teig gleichmäßig fest andrücken (eventuell mit dem Teigroller nachhelfen).

Die Füllung auf dem Teig verteilen (sie darf nur noch lauwarm sein!). Den Rest des Teiges locker auf der Füllung verteilen und leicht andrücken. Eventuell noch ein paar Samen darüberstreuen.
Bei 180 Grad auf mittlerer Schiene 40–50 Minuten backen. Den Blechkuchen noch lauwarm in Riegelform schneiden.

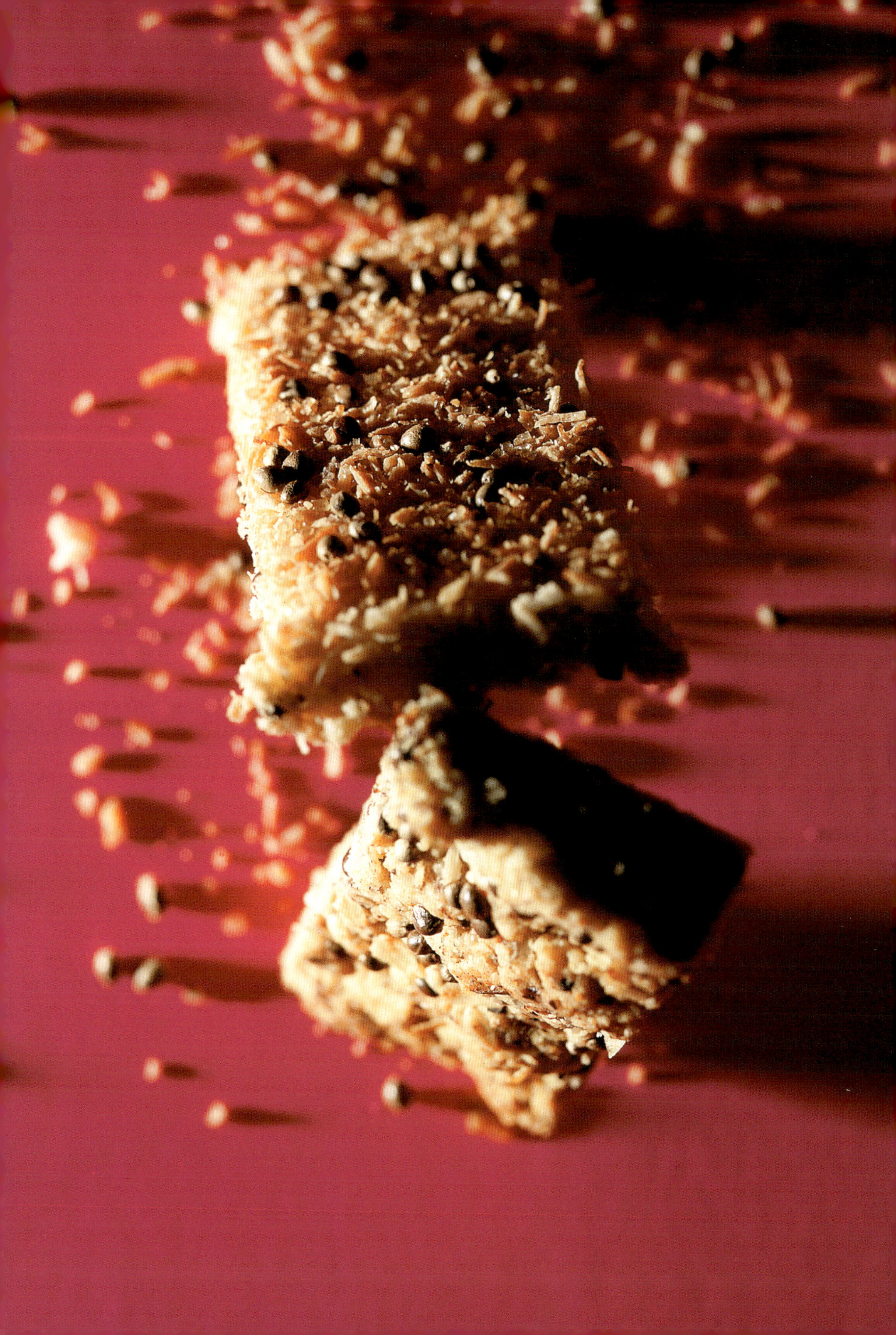

BERAUSCHEND GUT

Desserts mit Haschisch und Grass

Bratäpfel *

4 große Boskop-Äpfel
etwas Butter

Die Äpfel waschen, eventuell schälen und das Kerngehäuse großzügig entfernen.
Den Backofen auf 200 Grad vorheizen.
Die Äpfel mit einer der Füllungen versehen und in eine gebutterte Auflaufform setzen. Auf jeden Apfel eine Butterflocke setzen. Im vorgeheizten Backofen auf mittlerer Schiene etwa 20 Minuten goldbraun backen.

Haschisch-Quarkfüllung

10 g Butter
Haschischmenge nach Tabelle Seite 6
25 g Honig
1 EL Vanillezucker
30 g gehackte Mandeln
etwas Zitronensaft, Zimt
100 g Magerquark
1 Eigelb

Die Butter schmelzen. Das Haschisch erwärmen, zerbröseln und in der Butter auflösen. Honig, Vanillezucker, Mandeln und die Gewürze dazugeben. Erst wenn die Masse völlig ausgekühlt ist, den Quark und das Eigelb unterrühren.
In die Äpfel füllen und wie oben beschrieben backen.

Grass-Marzipanfüllung

30 g Butter
Grassmenge nach Tabelle Seite 6
50 g Marzipan-Rohmasse
50 g gemahlene Haselnüsse oder Hanfsamen
1 EL Vanillezucker
Zimt

Die Hälfte der Butter erwärmen, das fein gehackte Grass darin andünsten und anschließend abkühlen lassen. Mit der restlichen Butter das Marzipan weich kneten. Mit der Grassbutter, den gemahlenen Haselnüssen oder Hanfsamen und den Gewürzen vermengen.
In die Äpfel füllen und wie oben beschrieben backen.

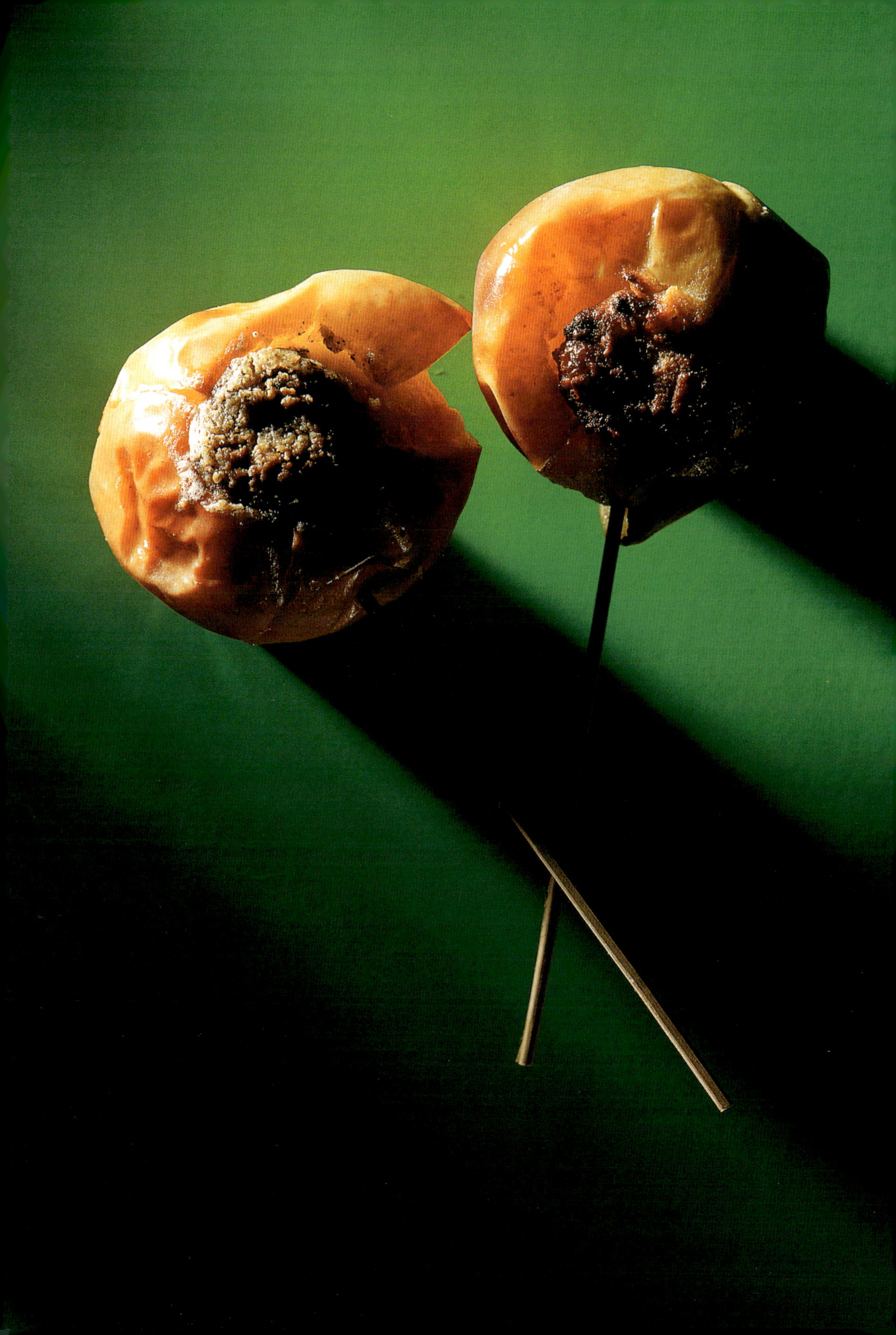

Mousse au Shitchocolat ✻✻✻

🌿 Empfohlene Haschischmenge
1 g; für 4–6 Personen
pro Portion ca. 0,2–0,3 g

200 g Zartbitterschokolade
20 g Butter
1 g Haschisch
4 Eigelbe
20 g Vanillezucker
4 Eiweiße
50 g Zucker
1 Prise Salz
1/8 l Rahm
1 kleine Tasse Espresso
 oder starker Kaffee
1 Schnapsglas Amaretto
 oder Cognac

Zum Garnieren
1/8 l Rahm, steif geschlagen
geraspelte Schokolade oder
Puderzucker

Die Schokolade zerkleinern und im Wasserbad schmelzen. Die Butter schmelzen. Das Haschisch erwärmen, in der Butter auflösen (nicht zu stark erhitzen) und anschließend auskühlen lassen.
Die Eigelbe mit dem Vanillezucker schaumig schlagen, bis der Zucker gelöst ist.
Die Eiweiße mit dem Zucker und einer Prise Salz sehr steif schlagen. Den Rahm ebenfalls steif schlagen.
Den Espresso und den Likör in die aufgelöste Schokolade einrühren, bis diese schön glänzt. Danach die Eigelbmasse unterrühren; die Masse sollte lauwarm sein. Anschließend zuerst nur eine kleine Menge, dann den ganzen Rest Eischnee vorsichtig unterheben. Ebenso den steifen Schlagrahm unterheben.
Die Mousse in Portionengläser füllen oder alles in eine Schüssel geben. Im Kühlschrank mindestens 4 Stunden kühl stellen.

Vor dem Servieren mit Schlagrahm und Schokoladenraspeln garnieren. Oder ein Hanfblatt auflegen und mit Puderzucker bestäuben; das Hanfblatt anschließend vorsichtig wieder abheben.

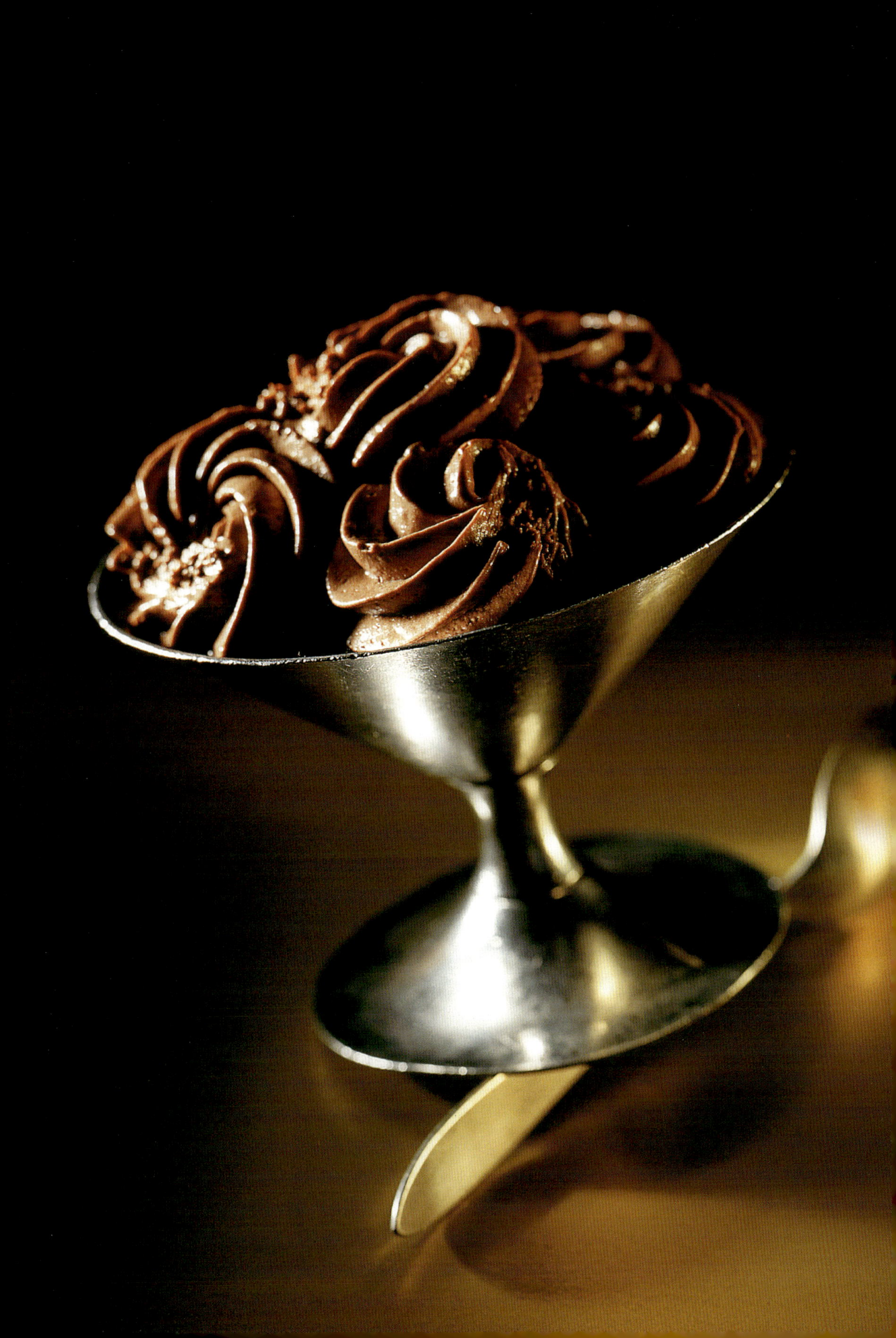

Haschimisu

🌿 **Empfohlene Haschischmenge**
2 g; ergibt 4–6 Portionen
pro Portion 0,4–0,6 g

Die weltberühmte Nachspeise Tiramisu – zu deutsch «Zieh mich hoch!» – mit nachhaltiger Wirkung!

Zum Tränken des Biskuits

100 ml starker Kaffee (Espresso)
2 g Haschisch
50 ml Rahm
3 EL Vanillezucker
2 Schnapsgläser Amaretto

Zuerst die Tränke vorbereiten. Den Kaffee kochen. Das Haschisch erwärmen und zerbröseln. Den Rahm erhitzen, den Vanillezucker zugeben und das fein zerbröselte Haschisch darin auflösen. Den Amaretto zum Kaffee gießen.

100–150 g Löffelbiskuits
  oder 1 aufgeschnittener
  Tortenboden
2 EL Honig
30 g Zucker
2 EL Vanillezucker
4 Eigelbe
250 g Mascarpone

Eine passend große Schüssel mit den Löffelbiskuits oder dem Tortenboden auslegen. Den Honig, den Zucker und den Vanillezucker mit dem Handmixer gut verrühren. Die Eigelbe hinzufügen und rühren, bis eine steife, cremige Masse entstanden ist. Zum Schluss den Mascarpone unterrühren. Den vorbereiteten Boden mit der Kaffeemischung tränken. Anschließend die Mascarponemasse darauf verteilen. Mindestens 2 Stunden kühl stellen.

Zum Bestäuben

etwas Kakao

Vor dem Servieren mit Kakao bestäuben.

Canna Potta Subito! *

🌿 **Grass oder Hasch, Dosierung nach Wahl**
Für 4 Personen

600 g Joghurt
150 g Buttermilch
50 g Rahm
80 g Vanillezucker
1 Vanilleschote
1,5 g / 2 gestr. Teel. Agar Agar

Zum Garnieren des Desserts eignen sich pürierte Früchte und weitere Fruchtsaucen.

Die Lieblingszutat zerkleinern und in der erhitzten Sahne auflösen. Joghurt und die Buttermilch in den Kochtopf geben und verrühren. Den Inhalt einer aufgeschnittenen Vanilleschote, die Schote selbst und den Canna-Rahm hinzufügen und 8 Minuten bei kleiner Flamme einkochen.

Agar Agar mit Vanillezucker vermengen, rührend, langsam einrieseln lassen und alles 5 Minuten aufkochen.

In vier warm ausgespülte Gläser (Inhalt für 180ml) einfüllen und mindestens 3 Stunden kühlstellen.

Desserts auf einen Teller stürzen und mit gewählter Sauce dekorieren.

Tipp: Die Kochzeiten bitte einhalten, da sonst das Dessert nicht richtig fest wird und auch der Agar Agar nicht gut genug in der Masse verteilt ist.

BERAUSCHEND GUT

Kochen mit Haschisch Grass und Hanfsamen

Für all jene, die von dem köstlichen Kraut nicht genug bekommen können und sich nicht mit Gebäck und Desserts begnügen wollen, hier noch eine kleine Auswahl an Kochrezepten ...

Hanf-Lasagne ♣♣♣

9–12 Portionen

Für ein 36 x 30 cm tiefes Backblech

Nudelteig

Wir brauchen ein gutes – altes Nudelholz.

300 g Mehl
200 g gemahlene Hanfsamen/ Hanfmehl
4 Eier
3 EL Hanföl
4 EL Wasser
2 EL Salz

Zum Bestreuen

300–400 g geriebenen Käse

Mehl und gemahlene Hanfsamen in einer Schüssel vermengen. Jetzt die weiteren Zutaten hinzu und alles gut zu einem weichen Teig verkneten. Den Teig gut eingepackt mindestens eine Stunde in den Kühlschrank stellen.

In der Zwischenzeit die Tomatensauce mit Soja oder Hackfleisch und die Bechamelsauce zubereiten.

Wenn beide Saucen fertig sind, den Teig aus dem Kühlschrank nehmen und in 3 Stücke einteilen. Mit dem Nudelholz auf Backblechgröße gleichmäßig ausrollen. Einmal von jeder Seite zur Mitte zusammenklappen und auf das mit Backpapier ausgelegte Backblech packen. Wieder ausklappen und gleichmäßig in die Form bringen. Mit diesem Trick gelangt der ausgerollte Teig unbeschädigt auf das Blech.

Jetzt gut die Hälfte der Tomatensauce darauf verteilen. Den zweiten Nudelteigboden ausrollen und die Bechamelsauce daraufgießen. Nun mit der Schaumkelle die festen Bestandteile aus der Tomatensauce fischen und über der Bechamelsaucenschicht verteilen.
Den letzten Nudelteig ausrollen und mit der restlichen Tomatensauce begießen. Zuletzt den geriebenen Käse darüber streuen.

In den mit 200 Grad vorgeheizten Backofen schieben und ca. 20 Minuten auf der mittleren Schiebeleiste backen, wenn die Lasagne erst am nächsten Abend gegessen werden soll.
Wenn sie noch am gleichen Abend verspeist wird, in ca. 40 Minuten goldbraun backen.

---

*Tipps zu Bratfett, Öl und Salz: Am besten Fette verwenden, die für hohe Brattemperaturen geeignet sind. (z.B. Ghee, Erdnuss-, Palmenöl oder Kokosfett) Somit ist sichergestellt, dass keine gesundheitsschädlichen Transfette entstehen können, wenn diese über 180 Grad erhitzt werden. Bei den meisten pflanzlichen Ölen ist der Rauchpunkt schon ab 120 Grad erreicht, darüber entstehen krebserregende Stoffe.

Tomatensauce

**Ein großer Topf,
für mindestens 2l Inhalt**

2 Karotten
1 große oder zwei kleine Zwiebeln
Knoblauch, Ingwer, Menge nach Wahl
1 Fenchelknolle oder
    2 Stangen Staudensellerie
ca. 200 g Sellerieknolle
eine Petersilienwurzel oder
    Pastinake
100 g getrocknete Tofuschnetzel
    200 g frischen Tofu oder
    200 g Hackfleisch
1 L Gemüsebrühe
1/2 L besser Rot- als Weißwein

Wenn kein Alkohol verwendet werden soll, den Gemüsebrühen-Anteil um 1/2 Liter erhöhen.

200 g Tomatenmark oder 700 g frische, enthäutete und gewürfelte Tomaten, wenn es sein muss, geht auch der Inhalt einer Tomatendose (ca. 850ml)
Etwas Bratfett oder Öl* in den Topf geben.

Gewürze

Getrockneter Kräutermix, 3 Lorbeerblätter, 3 Wacholderbeeren, Salz (Meer- oder Himalaya-Salz**) Pfeffer, Paprika, etwas Zitronensaft und Zucker. Etwas Chili – für jene, die es schärfer lieben!

Einen Liter Gemüsebrühe vorbereiten; wenn Tofuschnetzel verwendet werden, dazugeben und zehn Minuten ziehen lassen. Dann das Bratfett mit dem Ingwer, Knoblauch und den getrockneten Kräutermix in den Topf geben. Das gewaschene Gemüse in mundgerechte Stückchen schneiden und mit oder ohne Hackfleisch anbraten. Mit dem Wein ablöschen. Die Brühe hinzufügen und weitere Gewürze, Tomatenmark o.ä. hinzufügen, gut dreißig Minuten oder etwas länger einkochen, so dass die Sauce nicht zu flüssig ist.

Danach die Bechamelsauce zubereiten.

Bechamelsauce

**Ein mittlerer Topf,
für ca. 1L Inhalt**

70 g Butter
70 g Mehl
800 ml Milch oder 200l Sahne + 600l Wasser
Gewürze: Etwas Muskatnuss, Pfeffer & Salz

Die Butter bei niedriger Temperatur schmelzen und das Mehl hinzufügen, schnell rühren, bis das Mehl gebunden ist, dann die Milch zugießen, Gewürze hinzufügen und aufkochen, fertig!

Tipp: Es ist gut, die Lasagne einen Tag vorher zuzubereiten, dann ist diese gut durchgezogen und ihr geratet nicht in Stress, da die Zubereitung doch etwas Zeit erfordert. (ca. 2 Stunden)

**Meer- oder Himalaya-Salz: Raffiniertes Salz ist gesundheitsschädlich, da von ursprünglich ca. 84 Mineralien und Spurenelementen nur noch das pure Natriumchlorid (NaCl) übrig bleibt. Es kommt in isolierter Form in der Natur so nicht vor und ist für die Zellen und Organe giftig! Dies hat der Biologe Jacques Loeb bereits Anfang des zwanzigsten Jahrhunderts nachgewiesen.

Hirse-Grass-Auflauf

Für 2 Personen

1 Zwiebel, fein gehackt
etwas Bratfett
100 g Hirse
½ l Gemüsebrühe
2 EL Zitronensaft
1 Knoblauchzehe
   mit etwas Salz zerdrückt
1 Ei
1/8 l Rahm
Salz, Pfeffer
1 Zucchini
2 Fenchelknollen
50 g Sonnenblumenkerne
etwas Butter
fein gehacktes Grass,
   Menge nach Tabelle Seite 6
1 Bund Petersilie, fein gehackt
70 g kräftiger Käse, gerieben
etwas Butter

Glutenfrei

Die Zwiebel im Bratfett anbraten. Die Hirse zugeben und kurz andünsten, mit der Gemüsebrühe auffüllen und 40 Minuten bei schwacher Hitze köcheln lassen.

Anschließend Zitronensaft, Knoblauch, Ei und Rahm zur Hirse geben, verrühren und mit Salz und Pfeffer abschmecken.

Das Gemüse putzen und in feine Scheiben schneiden. Die Sonnenblumenkerne in etwas Butter rösten; sobald die Kerne gebräunt sind, das Grass unterrühren und kurz andünsten. Die fein gehackte Petersilie dazugeben und alles unter die Hirse rühren.

Den Backofen auf 200 Grad vorheizen.

Die Auflaufform einfetten und mit dem Gemüse auslegen. Die Hirse einfüllen, mit dem geriebenen Käse und Butterflocken belegen. Im vorgeheizten Backofen auf mittlerer Schiene goldbraun backen.

Pizza Grass Muffins ❦❦❦

🌿 **Empfohlene Grassmenge**
0,6 g; für 12 Stk.
pro Muffin ca. 0,05 g

Ein Muffinblech

130 g Weizenmehl
100 g lauwarmes Wasser
20 g frische Hefe oder ein halbes Päckchen Trockenhefe

Aus diesen Zutaten einen Vorteig fertigen, 8 Minuten gehen lassen.

Den Teig vollenden mit

100 g Dinkel/Weizenmehl
20 g Maismehl
1 Eigelb
2 EL Olivenöl
1 TL Salz

Alles zum Vorteig geben und zu einem glatten Hefeteig verkneten. Falls der Teig zu fest ist, noch etwas Wasser zugeben und weitere 10 Minuten gehen lassen.

Zwischendurch die Füllung zubereiten

3 EL Tomatenmark
eine grosse Zwiebel
eine Paprika oder
 auch Fenchel
Staudensellerie
 (jeweils ca.70 g)

Optional
etwas Thunfisch oder Salami
2 EL Butter
0,6 g klein gehacktes Grass

Gewürze
etwas Oregano, Paprika, Salz, Pfeffer, Chili

Optional
frischer Ingwer/Knoblauch

Butter in einen Topf geben und das Grass bei kleiner Flamme kurz darin andünsten. Das Gemüse möglichst klein schneiden und zur Grassbutter geben, auskühlen lassen. Nun Tomatenmark mit den Gewürzen vermischen und noch etwas Olivenöl hinzufügen.

Dann den Hefeteig zu einem Rechteck ausrollen. (ca. 36cm lang x 13cm hoch). Die Tomatenmark-Gewürz-Mischung auf dem Teigrechteck mit dem Esslöffel verstreichen. Nun das Gemüse etc. darauf verteilen. Dann die lange Seite nach oben aufrollen und in 3 cm breite Stückchen schneiden. Die Pizzaschnecken in die gefetteten Muffin-Formen legen (hier keine Papierförmchen verwenden, da das Papier durch den Käse anhaftet) und mit der Käsemischung bestreuen. Noch einmal 8 Minuten gehen lassen.

Auf mittlerer Schiene im mit 220 Grad vorgeheizten Backofen 10 Minuten backen.

Zum Bestreuen

70 g geriebenen Käse
 (z. B. Emmentaler) und
30 g geriebenen Parmesan
 vermischen

Brennessel-Grass-Pesto

mit Grass, Dosierung nach Wahl

250 g Brennesselblätter
160 g Olivenöl
65 g Sonnenblumenöl
30 g Essig
15 g Zitronen- oder Limettensaft
25 g Zwiebeln
15 g Knoblauch
50 g Nussmix, geröstet
80 g geriebenen Parmesan
    oder Pecorino
10 g Salz, ca. 1 EL
2 Prisen Zucker

Zwei entfernte Verwandte aus der Ordnung der Urticales geschmackvoll vereint!

Nussmix trocken in einer Pfanne rösten, auskühlen lassen. Brennesselblätter mit Handschuhen abzupfen und waschen. Die Blätter dämpfen oder mit ca. 80 Grad heißem Wasser übergießen und abtropfen lassen.

Nun den Nussmix, die Grassbutter, Brennesselblätter, Knoblauchzehen, Zwiebel mit einem Mixstab o.ä. zerkleinern, bis eine grassgrüne Paste entstanden ist. Fein geriebenen Parmesan, Öl, Essig, Zitronensaft, Gewürze zur Masse geben und vermixen.

Basilikum-Grass-Pesto

1 Bund Basilikum
1 g Grass
    (ohne Stumpf & Stiel,
    versteht sich)
10 g Butter
100 g Pinienkerne
70 g geriebenen Parmesankäse
3 Zehen Knoblauch
¼ l Olivenöl

Pinienkerne trocken in einer Pfanne rösten, auskühlen lassen. Das fein zerriebene Grass in der Butter kurz bei niedrigster Temperatur anschwitzen und ebenso auskühlen lassen. Nun die Pinienkerne, die Grassbutter, abgezupfte Basilikumblätter, Knoblauchzehen mit einem Mixstab o.ä. zerkleinern, bis ein grassgrüner Brei entstanden ist. Fein geriebenen Parmesan zugeben und nach und nach mit dem Öl zu einer Paste mixen. Danach mit Salz und Pfeffer abschmecken.

Tipp: Im Glas mit einer Schicht Olivenöl bedeckt kann Pesto länger aufbewahrt werden!

Hightere Kürbis Gnocci 🌿

Für 4 Personen
Dosierung nach Wahl

600 g Hokkaido-Kürbis
600 g Buchweizen-Mehl
1 gestr. Teel. Salz, Pfeffer
1 Teel. geriebene Muskatnuss
Olivenöl

Zum Ausrollen

Kartoffel- oder Maisstärke

Diese glutenfreie Gnocci-Variante lässt sich wesentlich einfacher herstellen als die altbekannte Kartoffel-Mehl-Version.

Den Kürbis waschen, in kleine Stückchen schneiden, in eine Auflaufform geben, mit etwas Olivenöl begießen und kurz vermengen. Bei 200 Grad auf mittlerer Schiene in ca. 15-20 Minuten weich backen. In eine Rührschüssel geben, Gewürze, Grass- oder Haschbutter zugeben und pürieren. Wenn die Masse erkaltet ist, wird das Mehl hinzugegeben. Danach alles gut verkneten und evtl. je nach Festigkeit noch etwas Mehl hinzufügen, so dass eine schöne Teigkugel entsteht.
Kleine Mengen davon schrittweise zu ca. 2 cm starken, langen Rollen formen und in 2 cm lange Stückchen schneiden, auf die mit Backpapier ausgelegten Backbleche legen und den oberen Teil der Gabel in die Gnocci drücken.

Einen großen Topf mit heißem Wasser zum Kochen bringen und die Gnocci bei kleiner Flamme auf der Wasseroberfläche ca. 3-5 Minuten tänzeln lassen. Mit einer Schaumkelle die Gnocci herausfischen und mit einem selbstgemachten Pesto servieren.

Eierpfannkuchen 🌿

Single Gericht

10 g Butter
Haschisch oder Grass,
    Menge nach der Tabelle
    auf Seite 6
1 Ei
15 g Mehl
20 g Zucker
etwas Salz
10 g Bratbutter zum Ausbacken

Die Butter schmelzen. Das Haschisch kurz erwärmen, zerbröseln und in der Butter auflösen. Abkühlen lassen. Das Eigelb unter die Haschischbutter rühren, anschließend das Mehl hinzufügen. Das Eiweiß mit dem Zucker steif schlagen und unterheben. Etwas Butter in einer Pfanne zerlassen und die Masse darin ausbacken.

Aphrodite, Venus und der Petersiliensalat

Ein aphrodisierendes Abendessen für 2 Personen

2 EL Gemüsebrühepulver
2 EL Damiana-Teeblätter
2 Tomaten
je 1 kleine rote und gelbe Paprika (Peperoni)
1 kleine Zucchini oder Broccoli
4 Lauchzwiebeln oder eine Stange Lauch
2 EL Butter
Haschischmenge nach der Tabelle auf Seite 6
(Bedenke dabei, dass mehr nicht gleich mehr Liebe bedeutet, sondern eher schläfrige Streicheleinheiten)
¼ l Rahm
etwas Olivenöl
1 Banane
1 kleine Zwiebel und
1 Petersilienwurzel, fein geschnitten
2 Lorbeerblätter
2 Knoblauchzehen, mit Salz zerdrückt
etwas frisch geriebene Muskatnuss
Salz, Pfeffer, Paprika, etwas Zitronensaft und Zucker
etwas Chili – für jene, die es schärfer lieben!
1 Bund frische Petersilie, fein gehackt

War es wirklich der Apfel, den Eva weitergab? Oder war alles ganz anders?

Aphrodites Gemüse

Einen Dreiviertel Liter Wasser aufkochen, mit ¼ l die Brühe aufgießen und mit ¼ l den Damiana-Tee; diesen mindestens 20 Minuten ziehen lassen. (Medizinmänner empfehlen für „schwere Fälle" einen Sud, der 24 Stunden gezogen hat!) Danach die Blätter entfernen.

Mit dem restlichen kochenden Wasser die Tomaten überbrühen, anschließend die Haut abziehen und den Strunk entfernen. Das Gemüse waschen und putzen und in kleine Würfel schneiden. Die Butter schmelzen. Das Haschisch erwärmen, zerbröseln und in der Butter auflösen. Mit dem Rahm aufgießen und den Damiana-Tee dazugeben.
Das klein geschnittene Gemüse im Olivenöl anbraten, die kleingeschnittene Banane und die zerquetschten Tomaten beifügen und ebenfalls andünsten. Mit der Brühe ablöschen, die Haschisch-Damiana-Mischung hinzugeben und etwa 20 Minuten einköcheln lassen. Die fein geschnittene Petersilienwurzel und die Lorbeerblätter beigeben und mitkochen lassen.
Mit Knoblauch, Muskatnuss und mit den übrigen Gewürzen abschmecken. Die fein gehackte Petersilie erst vor dem Essen hinzufügen oder darüber streuen.
Dazu passt am besten Reis.

Tipp: Damiana (Turnera diffusa), ein bis zu zwei Meter hoher, in Mexiko, Texas und Kalifornien heimischer Strauch, ist ein altes indianisches Aphrodisiakum. Die getrockneten Blätter werden geraucht oder zu einem Tee verarbeitet. Noch wirkungsvoller sind alkoholische Auszüge. Damiana wird eine mild euphorisierende, aphrodisierende und atembefreiende Wirkung nachgesagt. Zudem wird der Unterleib stärker durchblutet. Eignet sich auch als weniger schädlicher Tabakersatz. Damiana gibt es in gut sortierten Kräuterläden; es kann auch im Internet bestellt werden, z.B. bei: http://www.sensatonics.de

Petersiliensalat ✻

4 EL Olivenöl
2 EL Balsamico-Essig
etwas Wasser
Kräutermix
3 TL Senf
1 TL Tafelmeerrettich
1 Knoblauchzehe,
   mit Salz zerdrückt
Salz, Pfeffer, Zucker,
etwas Worcestersauce
und Zitronensaft
100 g großblättrige Petersilie

Öl, Essig und Wasser verrühren. Mit der Hand die getrockneten Kräuter fein zerreiben und zusammen mit dem Senf und dem Meerrettich in die Vinaigrette einrühren. Den Knoblauch beifügen und mit den Gewürzen abschmecken.

Die gut gewaschene und getrocknete Petersilie klein schneiden und vor dem Servieren die Sauce darüber geben.

Als Getränk empfehle ich dazu ein Glas Champagner oder Pfefferminztee mit frischer Zitrone.

Salat-Dressing ✻

für ca. 6 Personen

2 EL Olivenöl
2 EL Hanföl
2 EL Leinsamen Öl
2 EL Balsamico-Essig
ca. 1/8 l Fruchtsaft
   (z.B. Orangen-, Trauben-
   oder Himbeersaft)
Kräutermix
3 EL Senf
1 Knoblauchzehe mit Salz
   zerdrückt
etwas Salz, Pfeffer, Zucker

Alle Zutaten verrühren. Den Salat auf den Tellern anrichten und vor dem Servieren die Salatsauce darübergeben.

Zum Bestreuen

Geschälte oder geröstete Hanfsamen.

Hanf im Kohlmantel
Ex-Kanzler-Gericht

Die vegetarische Antwort auf Pfälzer Saumagen!

Für 4 Portionen

1 Tasse Reis
1 Weisskohlkopf
30 g Butter
2 kleine Zwiebeln, fein gehackt
60 g gemahlene Hanfsamen
1/8 l Pfälzer Landwein
1/8 l Rahm
100 g Schafskäse
Kräutermix
Salz, Pfeffer,
etwas Zitronensaft,
1 Prise Zucker
1 Ei
1 TL Butter
1 TL Öl

Für die Sauce

¼ l Gemüsebrühe
¼ l Rahm
4 Wacholderbeeren,
1 Lorbeerblatt,
2 Gewürznelken,
1 Zwiebel
etwas Zucker,
Salz und Pfeffer

Den Reis kochen.
Den Kohlkopf in kochendem Wasser 10 Minuten blanchieren, damit sich die Blätter besser lösen lassen. Aus dem Wasser heben und die Blätter so weit wie möglich ablösen. Den restlichen Kohlkopf erneut 10 Minuten blanchieren und so fortfahren, bis alle Blätter abgelöst sind.

In einem Topf 20 g Butter zum Schmelzen bringen, darin die fein gehackten Zwiebeln und die gemahlenen Hanfsamen andünsten. Mit dem Wein ablöschen, den Rahm hinzugeben und alles aufkochen lassen. Den Schafskäse zerbröseln und hinzufügen, ebenso die Kräuter und den Reis. Abschmecken. Die Masse auskühlen lassen und das Ei unterrühren.

Für jede Roulade Kohlblätter so auslegen, dass zwei Esslöffel der Hanf-Reis-Masse darauf Platz finden. Einrollen. Hanfschnur oder Küchengarn hilft uns, den Kohl dingfest zu machen.
Einen Teelöffel Butter und einen Teelöffel Öl schmelzen und die Kohlrouladen von allen Seiten darin anbraten.
Mit der Brühe ablöschen, etwas Pfälzer Landwein, den Rahm und die Gewürze hinzufügen. Alles etwa 2 Stunden kochen lassen und abschmecken.

Dazu passen ordentliche deutsche Kartoffeln oder für jene, die auf den «Kick» nicht verzichten wollen, Hanfbrot im Blumentopf (Seite 64).

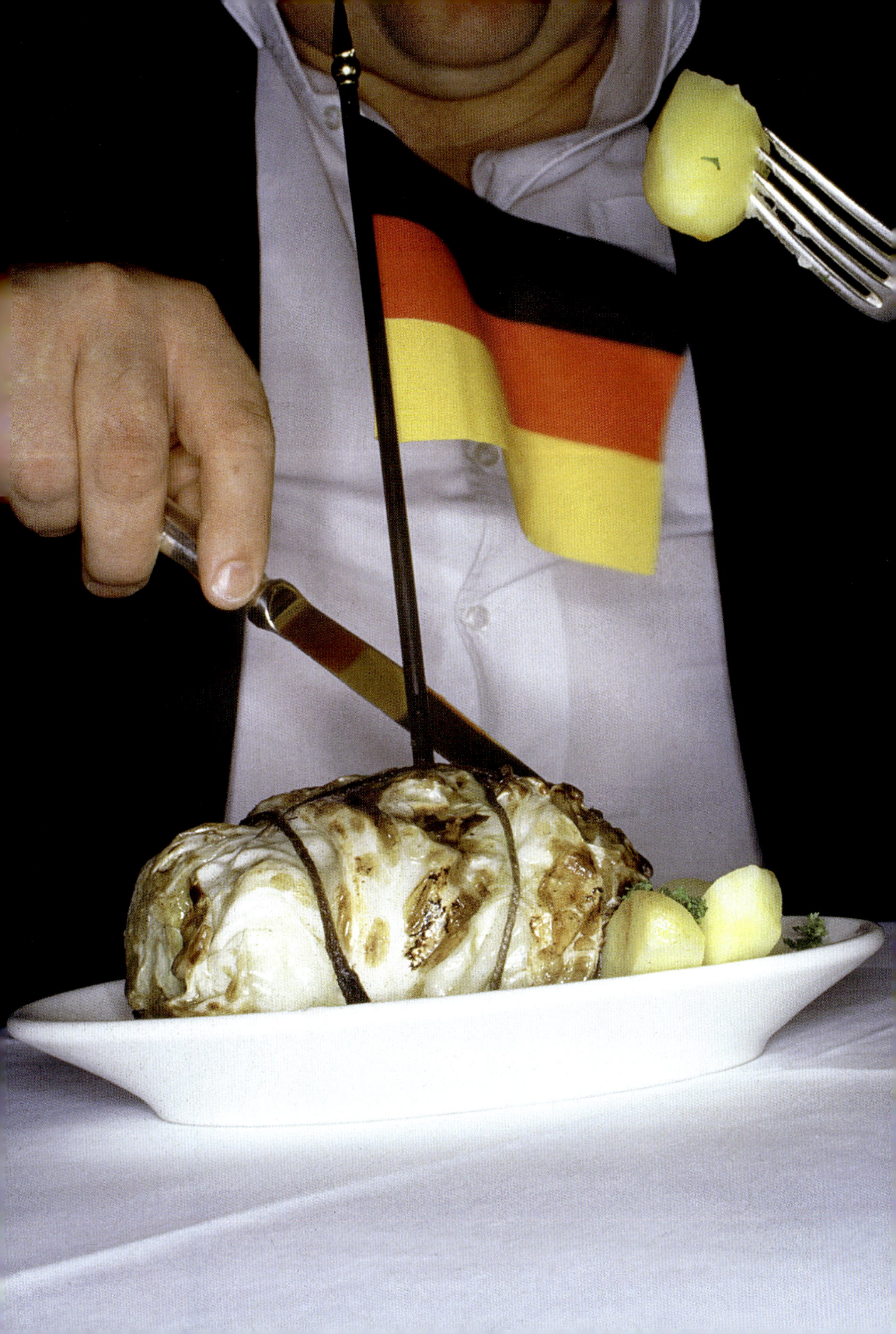

Knallcorn / Gewürztes Popcorn

🌿 **Empfohlene Haschisch oder Grassmenge**
1 g; ergibt 10–12 Portionen, pro Portion ca. 0,1–0,08 g

**Grundrezept für
100 g Popcorn Mais**

Ein großer Topf, für mindestens 1,5 L Inhalt, vorzugsweise mit Glasdeckel.

Ein hocherhitzbares Speise Öl (High Oleic Sorten) oder Erdnuss- und Kokosöl.

Zuerst die cannabinoide Basis vorbereiten (siehe Seite 10–13) das Fett oder Öl erhitzen, um z.B. das fein zerbröselte Haschisch darin aufzulösen.
Alternativ ein bereits mit Cannabis infundiertes und im Wasserbad eingeköcheltes Speiseöl verwenden. Pflanzenteile dürfen beim Grundrezept nicht dabei sein, können aber bei der Würzung zum Einsatz kommen.
Extrakte sind sehr gut geeignet, sollten aber entsprechend niedriger dosiert werden. Diese lassen sich gut mit der Rückseite des Esslöffels am Topfboden unter leichtem Druck und verteilenden Bewegungen schnell auflösen.

Aber es gibt weitere Möglichkeiten infundiertes Popcorn herzustellen:

- die einfachste ist der Kauf von fertigen, leicht gesalzenen Popcorn
- eine fettfreie Herstellung von Popcorn in der Mikrowelle
- eine fettfreie Erhitzung des Popcorns im Kochtopf

um erst danach die gewünschten Würzung anzuwenden.

Bevorzugt wurde von mir aber die doppelte Infundierung, die dadurch natürlich etwas fetthaltiger ist und voraussetzt das keine größeren Mengen verspeist werden, da es sonst bei empfindlichem Magen zu Unverträglichkeiten führen kann.

Der Vorteil liegt vermutlich in der sichereren Ausbeutung und Verteilung der begehrten Zutat, da die Boiling Points der begehrten Cannabinoide bei 157–220 Grad und der Terpene bei 119–224 Grad liegen.

In den Topf 40 g Öl / Fett nach Wahl und 100 g Popcorn Mais geben, den Topf leicht schwenken, bis alle Körner gut mit dem Öl benetzt sind. Im geschlossenen Topf auf großer Flamme gut erhitzen bis alle Körner aufgepoppt sind. Die Würzung mit etwas Salz und der gewählten Variante erfolgt im Anschluss.

Pikante Varianten
für 100 g Popcorn

Für eine längere Haltbarkeit, sollte mit getrockneten Kräutern gearbeitet werden. Bei schnellerem Verzehr, können auch gut trockene, frische Kräuter verwendet werden.

Aphrodite

4 EL aktiviertes Fett nach Wahl
1 EL feingemahlene
Kräuter der Provence
oder Petersilie
etwas Chili
je 2 TL Knoblauchpulver
Koriander und frischen
gemahlenen Pfeffer

Das aktivierte Öl mit den Gewürzen ca. zwei Minuten leicht erhitzen und alles gut verrühren. Im Anschluss die zubereitete Popcorn Menge darin wenden bis die Gewürzmischung gut verteilt und eingezogen ist.

Umami:

4-6 EL aktiviertes Fett nach Wahl
1-2 EL gehackten Rosmarin
2-4 EL geriebene Zitronenschale
2 Prisen Muskatnuss
frisch gemahlenen Pfeffer
2-4 EL getrocknete, zerstoßene Zwiebeln
2-4 EL gehackte Pistazien
2-4 EL Ahornsirup nach Belieben

Das aktivierte Öl mit dem Rosmarin und dem Zitronenpulver ca. zwei Minuten leicht erhitzen und die Gewürze hinzufügen. Die getrockneten Zwiebeln grob zerstoßen, die Pistazien hacken, zum Schluss den Ahornsirup in den Topf und alles gut verrühren. Im Anschluss die zubereitete Popcorn Menge darin wenden bis die Gewürzmischung gut verteilt und eingezogen ist.

Süsse Varianten

Light

4 EL aktiviertes Fett nach Wahl
z.B. 40 g Kakaobutter
10–20 g Birkenzucker
(zahnschonend)
Zimt
etwas Kakaopulver

Das aktivierte Öl, – hier vorzugsweise Kakaobutter –, mit dem Zucker und Zimt ca. zwei Minuten rührend erhitzen, bis der Zucker geschmolzen ist. Im Anschluss die zubereitete Popcorn Menge darin wenden, bis alles gut verteilt und eingezogen ist. Das fertige Knallcorn auf ein mit Backpapier ausgelegtes Backblech geben. Mit Kakaopulver bestäuben.

Aphrodite

1–2 EL aktiviertes Fett nach Wahl
3 EL gemahlenen Expresso
10 g Zucker
1–2 Messerspitze Kardamom
etwas Orangenpulver
50–100 g dunkle Schokolade
Chili, Tonkabohne oder Zimt
nach Belieben

Den Zucker in 80 g Wasser geben und rührend erhitzen, Expressopulver, Gewürze dazugeben und alles ca. zwei Minuten aufkochen. Von der Kochstelle nehmen, kurz warten bis sich der Mokka abgesetzt hat. Jetzt nur die Flüssigkeit in einen neuen Topf füllen. Das aktivierte Fett dazugeben und auf kleiner Flamme köcheln bis das Wasser verdunstet und die Flüssigkeit weiter einreduziert ist. Von der Flamme nehmen und mit der zerkleinerten Schokolade rührend herunterkühlen. Die Hälfte der Tränke abfüllen. Im Anschluss die zubereitete Popcorn Menge darin wenden, und den Rest der Tränke darüber geben bis alles gut verteilt und eingezogen ist.

Exotic

40 g Kakaobutter
oder Kokosöl
Ingwer-, Mango-,
Zitronenpulver
Kokosblütenzucker

In das aktivierte Öl, den Zucker, das Zitronen- Ingwerpulver, ca. zwei Minuten einrühren und erhitzen bis der Zucker geschmolzen ist. Im Anschluss die zubereitete Popcorn Menge darin wenden. Das fertige Knallcorn auf ein mit Backpapier ausgelegtes Backblech geben und mit Mangopulver bestäuben.

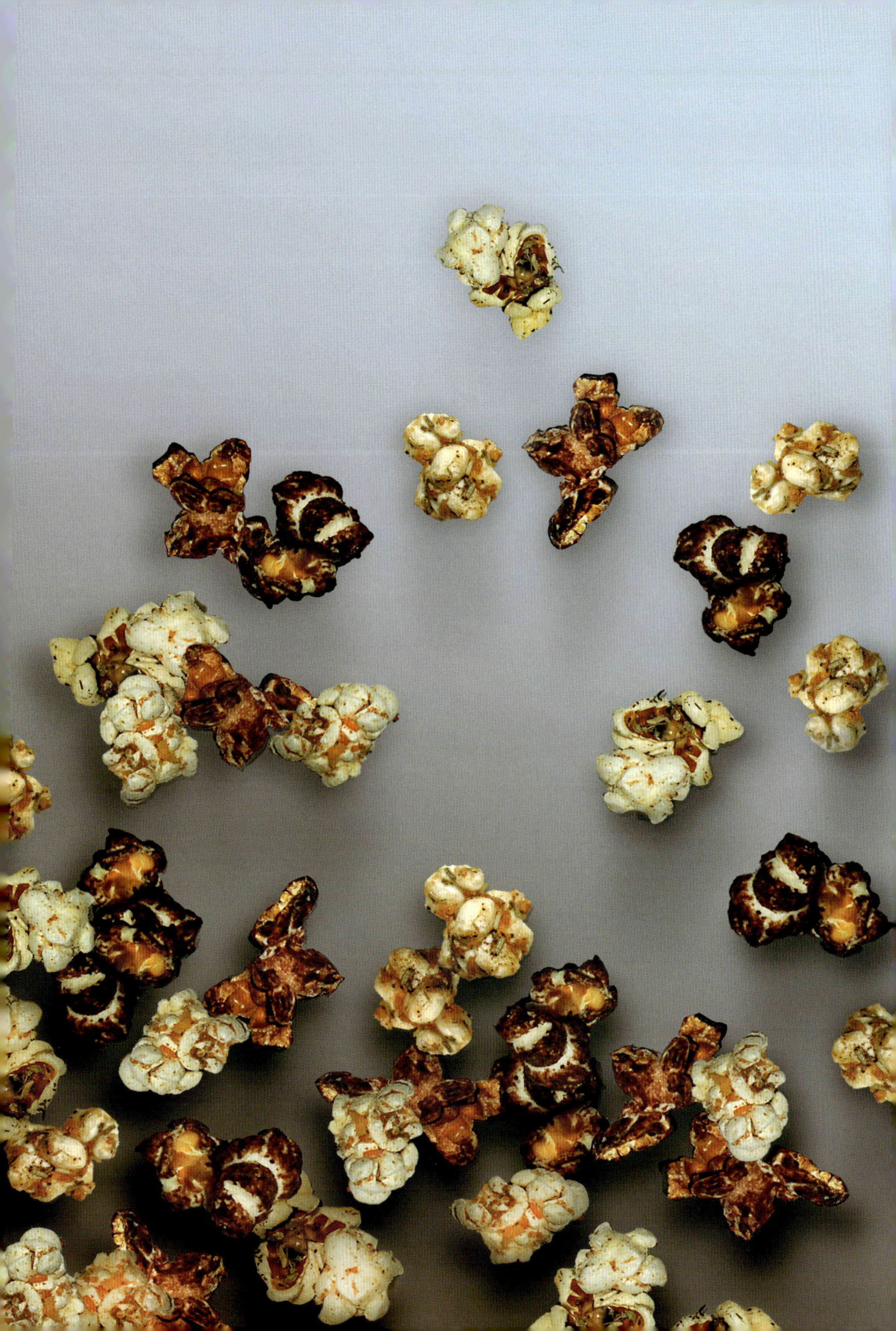

BERAUSCHEND GUT

Wie kommt das THC in den Tee?

Es gibt verschiedene Methoden, um das Tetrahydrocannabinol (THC) in Flüssigkeiten aufzulösen. Die zwei gebräuchlichsten sind das Auskochen von pulverisierten Haschisch oder Grass und das Auflösen in Butter, Rahm und nicht homogenisierter Vollmilch.

Beim Auskochen in Wasser besteht die Schwierigkeit darin, dass das THC im heißen Wasser zwar ausgefällt wird, sich aber nicht auflöst. Im Gegenteil, in Form von Fettaugen taucht es an der Oberfläche auf und bleibt am Gefäßrand kleben. Also brauchen wir einen geeigneten Emulgator, damit sich Fett und Wasser wieder verbinden. Ein paar Tropfen Rahm oder Vollmilch erfüllen diesen Zweck. Auch Zucker und Honig eignen sich dazu, allerdings erst in recht hoher Dosierung.

Für Gewürztee kann man alles miteinander verkochen.
Schwarz- und Kräutertees sollten separat gekocht und dann erst mit dem Haschisch oder Grass vermischt werden, damit kein THC im Absud verloren geht.

Die von mir favorisierte Methode ist das Auflösen in Butter, Rahm und Vollmilch. Da sich Gleiches mit Gleichem am besten vermischt, wird Butter verflüssigt und darin das Haschisch aufgelöst. Gut umrühren und nicht zu stark erhitzen! Den Topf vom Feuer nehmen, ein paar Tropfen Rahm dazugeben und unter gleichmäßigem Rühren Milch dazugießen, bis sich die Flüssigkeitsmenge vervierfacht hat.
Diese Grundlage kann nun zu Kakao, Honigmilch oder Milchkaffee weiterverarbeitet werden.

Heiß und kalt: Flüssiges mit und ohne

Ein Beitrag mit Rezepten von Frank Wortmann

Kir de Kif

Für 5 Personen

1 Flasche Sekt oder Champagner
0,4–1 g Haschisch
2 cl Creme de Cassis
   oder Himbeersirup
1 EL Zucker

Vorsicht: alkoholhaltig!

Ein Glas Sekt oder Champagner (1 cl) mit dem zerbröselten Haschisch, dem Likör oder Sirup und dem Zucker in einer kleinen Kasserolle erhitzen, dann abkühlen lassen. Mit dem restlichen Sekt oder Champagner die Gläser zu zwei Dritteln füllen und die Mischung aufgießen.
Vorsicht, es schäumt ein wenig. Voilà!

Grasswurzelmilch

Für 5 bis 10 Personen

50 g Cannabiswurzeln
3–4 g Hanfblüten
1 EL zerlassene Butter
2 cl Rahm
1 ½ l Vollmilch
2 Stangen Bourbon-Vanille
Zimt

Die Cannabiswurzeln gut reinigen und zusammen mit den Hanfblüten mit einem Mörser zu feinen Brei zerstoßen. Mit der zerlassenen Butter und den Rahm vermengen.
Die Milch auf kleiner Flamme zum Köcheln bringen und die Hanfmischung zusammen mit den Vanillestangen einrühren. 20 Minuten unter ständigem Rühren köcheln lassen. Die Vanillestangen entfernen und die Milch durch ein feines Sieb passieren, die Rückstände auspressen.
Mit etwas Zimt bestreuen und heiß servieren.

Chai High

Für 5 Personen

2 Zimtstangen
6 Nelken
6 Kardamomkapseln
je 1 Msp. Süssholz, Ingwer und
   Koriander
   (oder Fertigmischung für
   Chai- oder Yogi-Tee
   aus dem India Shop)
0,4–1 g Haschisch
1 ½ l Wasser
1 l Milch
5 EL Honig

Die Gewürze und das zerbröselte Haschisch 10 Minuten im Wasser kochen, dann abseihen und mit der Milch und dem Honig vermischen.

Café und Cacao de Cannabis

5 Personen

Café

½ l Vollmilch
½ l starker Kaffee

Cacao

1 l Vollmilch
2 EL Kakaopulver
0,4–1 g Haschisch
1 TL Butter
6 cl Rahm
1 Prise Zimtpulver

Die Milch erhitzen.
Das Haschisch mit der Butter in einer kleinen Kasserolle zum Schmelzen bringen. 2 cl Rahm daruntermischen, alles zur heißen Milch geben und umrühren. Anschließend den Kaffee oder das Kakaopulver dazugeben.
Den restlichen Rahm steif schlagen. Das Getränk in Tassen gießen, eine Rahmhaube daraufsetzen und mit Zimt bestreuen. Wohl bekomms!

Bhang

Für 5 Personen

50 g frische oder
   10 g getrocknete Hanfblätter
   und -blüten
1 TL gemahlener, schwarzer
   Pfeffer
1 Messerspitze gemahlener
   Kardamom
½ l Wasser
250 g Joghurt
¼ l Milch
2 EL Honig

Die Hanfblätter und -blüten zusammen mit dem Pfeffer, dem Kardamom und ein wenig Wasser in einem Steinmörser zu einer feinen Paste zerstoßen. (Getrocknete Hanfblätter müssen mindestens eine Stunde vorher in Wasser angesetzt werden.) Die so entstandene Paste durch ein feines Sieb oder ein grobes Leinentuch drücken und mit dem restlichen Wasser, dem Joghurt, der Milch und dem Honig verrühren und servieren.

Safranmilch

Für 4 bis 6 Personen

1,2 l Milch
10 Safranfäden
4 Nelken
½ TL gemahlener Zimt
0,4–1 g Haschisch
3 EL Honig oder Rohrzucker
1 EL fein gemahlene Pistazien
   oder Cashewkerne

Milch, Safran, Nelken, Zimt und das fein zerbröselte Haschisch in einem großen Topf zum Köcheln bringen und 5 Minuten leicht weiterköcheln lassen. Die Milch darf aber nicht steigen. Die Milch vom Feuer nehmen, die Nelken entfernen und den Honig einrühren. Mit den gemahlenen Nüssen bestreuen und heiß servieren.

Kräutertee mit Sahnehasch

Für 5 Personen

0,4–1 g Haschisch
1 EL Butter
2 EL Rahm
100 ml Vollmilch
1 l Wasser
je 1 TL Pfefferminztee,
  Melisse und Fenchelfrüchte
Honig

Das fein zerbröselte Haschisch mit der Butter in einer kleinen Kasserolle kurz erhitzen, mit einem Schneebesen den Rahm und die Milch einrühren und stehen lassen.

Aus dem Wasser und den Kräutern einen Tee aufbrühen und 10 Minuten ziehen lassen, abseihen und in Tassen gießen. Die Rahmmischung nochmals kurz mit dem Schneebesen aufschlagen, 2 bis 3 EL davon auf jede Tasse geben und mit Honig süßen.

Natürlich kann man dieses Rezept auch mit anderen Teemischungen machen, sofern man mit den Wirkungen der verwendeten Kräuter vertraut ist. Es eignen sich: Kamillenblüten, Huflattich, Königskerze, Anis, Hagebutte und Thymian.

Hasch-Limonade

Für 4 Personen

0,4–1 g Haschisch
3 EL Zucker
1 Zitrone oder Limone,
  Saft von 2 Orangen oder
  anderen Zitrusfrüchten
¾ l Mineralwasser

Das fein zerbröselte Haschisch zusammen mit dem Zucker und dem Zitronen- oder Limettensaft unter ständigem Rühren mit dem Schneebesen erhitzen, bis sich die einzelnen Zutaten vollständig aufgelöst haben. Nicht kochen lassen!

Den so entstandenen Sirup etwas abkühlen lassen und mit dem Saft der restlichen Zitrusfrüchte schnell und energisch vermixen. Den Fruchtsaft vorsichtig mit dem Mineralwasser vermischen und eisgekühlt servieren. Als Dekoration kann man eine dünne Limonenscheibe am Glasrand befestigen.

BERAUSCHEND GUT

Der ernährungsphysiologische Wert von Hanfsamen und Hanföl

Ein Beitrag von Dr. med. Franjo Grotenhermen

Es ist gesund, Hanfsamen und Hanföl in seine Nahrung zu integrieren.

Hanfsamenöl ist ein sehr hochwertiges Speiseöl, vergleichbar mit Delikatessölen wie Walnuss- oder Haselnussöl. Hanfsamen und -öl enthalten alle essentiellen Aminosäuren und alle essentiellen Fettsäuren, die der menschliche Organismus nicht selbst herstellen kann. Sie wirken cholesterinsenkend und vorbeugend gegen Herz-Kreislauf-Erkrankungen. Mit Hanfsamenöl lassen sich zudem einige Krankheiten in ihrem Verlauf oder in der Stärke der Symptome günstig beeinflussen. Dazu zählen Neurodermitis, das prämenstruelle Syndrom, die rheumatoide Arthritis und die diabetische Neuropathie, eine Spätfolge der Zuckerkrankheit.

Der Vorteil von Hanföl: Nebenwirkungen sind unbekannt.

In der Vergangenheit sind vereinzelt gesundheitlich relevante THC-Konzentrationen in Hanfölen gefunden worden, obwohl Hanfsamen selbst kein THC enthalten. Durch eine unsachgemäße Herstellung, bei der die THC-haltigen Hüllblätter mit in die Presse gelangen, kann jedoch THC in das Öl gelangen. In der Schweiz wurde daher ein Grenzwert für THC in Hanflebensmitteln bestimmt, und auch in der Europäischen Union wird nach einem geeigneten Grenzwert gesucht, um zukünftig eine relevante Kontamination mit THC auszuschließen.

Hanfsamen enthalten durchschnittlich 28–35% Fett, 30–35% Kohlenhydrate und weisen, verglichen mit anderen Lebensmitteln, einen hohen Gehalt an B-Vitaminen, Vitamin E, Kalzium, Magnesium, Kalium und Eisen auf. Der Eiweißgehalt von Hanfsamen liegt bei 20–24%.

Um aus den wertvollen Hanfsamen ein ebenso wertvolles Hanfsamenöl zu gewinnen, ist eine schonende Pressung notwendig. Ein schonendes und gleichzeitig auch das üblichste Verfahren zur Herstellung hochwertiger Speiseöle ist die Kaltpressung, bei der die Samen vor der Pressung nicht erwärmt werden. Wertgebende Bestandteile wie ungesättigte Fettsäuren, Proteine und Vitamine konnten aufgrund der geringen Wärmeentwicklung während der Pressung erhalten werden. Öle mit einem hohen Anteil an ungesättigten Fettsäuren werden bei falscher Lagerung vergleichsweise schnell ranzig. Licht, Wärme und Sauerstoff wirken ungünstig, daher sollte Hanföl in dunklen Flaschen, verschlossen und kühl aufbewahrt werden. Es sollte nicht zum Braten verwendet werden.

Hanfsamen enthalten bis zu 35% Fett. 90% der Fettsäuren in diesem Fett sind ungesättigte Fettsäuren. Der Sättigungsgrad einer Fettsäure beschreibt die Anzahl der Doppelbindungen im Molekül. Gesättigte Fettsäuren, die sich vor allem in Fetten von Säugetieren finden, weisen keine Doppelbindung auf. Ungesättigte Fettsäuren, wie sie vor allem in Pflanzenfetten, aber auch in Fischölen gefunden werden, besitzen eine bis vier Doppelbindungen, d. h., sie haben bis zu vier Bindungsstellen, an denen sich andere Moleküle anlagern können. Ein Teil dieser ungesättigten Fettsäuren sind essentiell. Der menschliche Körper kann diese nicht selbst herstellen, und sie müssen daher mit der Nahrung aufgenommen werden.

Linolsäure und Alpha-Linolensäure sind solche essentiellen Fettsäuren. Die Linolsäure ist im Pflanzenreich weit verbreitet. Man findet sie nicht nur im Samenöl von Hanf (ca. 60%), sondern auch in Sonnenblumenöl (ca. 55%), Sojaöl- (bis 50%) und Olivenöl (ca. 10%). In Samen höherer Pflanzen findet man die Alpha-Linolensäure seltener. Sie ist weit verbreitet in Algen, Plankton, in Krustentieren und Fischölen. Die seltenen Samen, in denen Alpha-Linolensäure vorkommt, sind Hanf (ca. 25%), Soja (bis 12%), Raps (bis 15%) und Lein (bis 62%)

Zur Deckung des täglichen Bedarfs an essentiellen Fettsäuren sind bereits 30–40 Gramm Hanfsamen bzw. 10 Gramm Hanföl ausreichend.

Aus Linolsäure kann im allgemeinen im menschlichen Organismus eine weitere wichtige Fettsäure, die Gamma-Linolensäure (GLA), gebildet werden. Gamma-Linolensäure ist äußerst selten in den Samen höherer Pflanzen enthalten, Ausnahmen sind Hanf (2–4%), Nachtkerze (6–14%) und Borretsch (25–40%). Bei einem Mangel an einem bestimmten Enzym, der sogenannten Delta-5-Desaturase, kann der menschliche Organismus die GLA nicht oder nur unzureichend selbst herstellen. Ursachen können ein erblich bedingter Defekt, der normale Alterungsprozess, bestimmte Erkrankungen wie Diabetes mellitus (Zuckerkrankheit) und Virusinfekte, Fehlernährung, Alkoholkonsum und Stress sein. Dieser Mangel kann durch eine Zufuhr der Gamma-Linolensäure von außen ausgeglichen werden. Im Gegensatz zu GLA-Präparaten in Kapselform kann Hanföl in den normalen Speiseplan integriert werden.

Gamma-Linolensäure lässt sich auch medizinisch einsetzen bei:

Neurodermitis — Hautveränderungen wie Neurodermitis werden unter anderem durch einen Mangel an essentiellen Fettsäuren verursacht. Besserungen konnten sowohl durch eine innerliche Gabe von GLA – es sind etwa 20 Gramm Hanföl täglich erforderlich – als auch durch eine äußerliche Anwendung erzielt werden.

Prämenstruellem Syndrom — Untersuchungen deuten darauf hin, dass bei Frauen mit prämenstruellem Syndrom Fettstoffwechselstörungen vorliegen. In Untersuchungen, in denen ein Äquivalent von 5 Gramm Hanföl täglich verwendet wurde, ließen sich deutliche Besserungen der Beschwerden erzielen.

Rheumatoider Arthritis — Bestimmte Fettsäuren sollen effektive entzündungshemmende und immunstimulierende Mittel sein. Dazu gehören Pflanzenöle mit einem relativ hohen Gehalt an Gamma-Linolensäure. Diese wird im Körper in bestimmte Substanzen (Prostaglandine) mit bekannten entzündungshemmenden und immunregulierenden Eigenschaften umgewandelt. Tagesgaben von 30–40 Gramm Hanföl sind erforderlich.

Diabetischer Neuropathie — Die diabetische Neuropathie ist eine mögliche Spätfolge der Zuckerkrankheit (Diabetes mellitus), eine Nervenschädigung, die mit unangenehmen Missempfindungen und Sensibilitätsstörungen einhergeht. In einer Studie, in der die Probanden täglich ein Äquivalent von 12 Gramm Hanföl erhielten, wurden diese Symptome günstig beeinflusst.

Alpha-Linolensäure wirkt günstig bei:

Herz-Kreislauf-Erkrankungen 🌿   Die gegenüber Europäern und Nordamerikanern weit geringere Herzinfarktrate und die seltener auftretenden Thrombosen bei Eskimos werden auf die Schutzwirkung der N-3-Fettsäuren, zu denen die Alpha-Linolensäure zählt, zurückgeführt. Eskimos verzehren viel N-3-Fettsäuren-haltiges Fischöl. In einer Studie mit 600 Teilnehmern, die einen Herzinfarkt überlebt hatten, war die Sterblichkeit in einer Gruppe, die vermehrt Alpha-Linolensäure – entsprechend ca. 5 Gramm Hanföl täglich – zu sich genommen hatte, deutlich vermindert.

Chronischen Entzündungen 🌿   In verschiedenen Untersuchungen konnte nachgewiesen werden, dass N-3-Fettsäuren überschießende Entzündungsprozesse unterdrücken und den Verlauf verschiedener Erkrankungen positiv beeinflussen können. Dazu zählen die rheumatoide Arthritis, chronische Blasenentzündung, Psoriasis und Colitis ulzerosa, eine chronische Darmentzündung.

Grundsätzlich können geröstete Hanfsamen den meisten Gerichten und Salaten zugegeben werden, ähnlich wie gerösteter Sesam oder Sonnenblumenkerne. Der Geschmack von Hanföl ist nussig und vielleicht etwas gewöhnungsbedürftig. Hanföl eignet sich sehr gut als Ergänzung zu Salaten oder als Beimischung zu Joghurt- und /oder Quarkspeisen.

Was geschieht mit THC im Körper?

Dr. med. Franjo Grotenhermen

1. **Wie viel THC erreicht den Blutkreislauf nach dem Rauchen oder Essen von Cannabisprodukten?**
2. **Wie verteilt sich THC im Körper und wie viel THC erreicht dabei das Gehirn?**
3. **Wie viel THC gelangt über die Plazenta zum Fetus und wie viel in die Brustmilch von stillenden Müttern?**
4. **Wie verläuft die Konzentration von THC im Blut?**
5. **Wie wird THC im Körper abgebaut und wie lange sind diese Abbauprodukte nachweisbar?**
6. **Wie werden THC und seine Abbauprodukte im Stuhl und Urin ausgeschieden?**
7. **Wie verlaufen die Wirkungen von THC im Verhältnis zum Verlauf der Konzentration im Blut?**

Diese Fragen stellen sich für jede pharmakologisch wirksame Substanz, für jedes Gift, für jedes Medikament und jeden wichtigen Nahrungsbestandteil. Sie werden durch die so genannte Pharmakokinetik einer Substanz, durch die Bewegung der Substanz durch den Körper beschrieben, durch seine Aufnahme, Verteilung, Verstoffwechselung und Ausscheidung.

Wie viel THC erreicht den Blutkreislauf?

Wie bei vielen anderen Substanzen unterscheidet sich auch bei THC die Pharmakokinetik in Abhängigkeit von der Art der Aufnahme. Beim THC sind dies im Wesentlichen die Inhalation (Rauchen, Verdampfen) und die orale Aufnahme (Essen, Trinken). Die Aufnahme über die Haut, die Mundschleimhaut, die Bindehaut der Augen und den Enddarm (Suppositorien) spielen bei der Verwendung von Cannabis im Freizeitbereich keine relevante Rolle, sind jedoch möglicherweise im medizinischen Bereich interessant.

Beim Rauchen ist THC innerhalb weniger Sekunden nach dem ersten Zug im Blut nachweisbar mit maximalen Blutkonzentrationen etwa fünf Minuten nach Beginn des Rauchens. Etwa 10 bis 35 Prozent des THC einer Cannabiszigarette erreicht die Blutbahn. Gewohnheitsmäßige Konsumenten erzielten in Untersuchungen durchschnittlich eine bessere Ausbeute als unerfahrene Cannabisraucher. Diese Ausbeute wird durch die Tiefe des Einatmens, die Zugdauer und die Länge des Anhaltens der Luft beeinflusst. Verluste entstehen durch die Zerstörung eines Teils des THC durch Verbrennung, durch Seitenströme und durch eine unvollständige Aufnahme von THC durch die Schleimhaut der Atemwege. Etwa 30 Prozent geht durch Verbrennung verloren, und in einem Test mit einem Vaporizer wurde festgestellt, dass durchschnittlich etwa 35 Prozent des inhalierten THC sofort wieder ausgeatmet wurde.

Bei der oralen Aufnahme (Essen, Trinken) ist die Aufnahme langsam und unsicher. Maximale THC-Blutkonzentrationen werden im Allgemeinen nach 60 bis 120 Minuten festgestellt. Ein Teil des THC wird durch die Magensäure abgebaut, der größte Teil wird jedoch im oberen Magendarmbereich aufgenommen und gelangt über die Pfortader in die Leber. In der Leber wird der größte Teil des THC gleich abgebaut, so dass nur 4 bis 12 Prozent des THC in den gesamten Blutkreislauf gelangen. Ein Teil der Abbauprodukte von THC wirkt allerdings ähnlich wie THC und trägt zur Gesamtwirkung bei. Dies gilt vor allem für das Abbauprodukt 11-Hydroxy-THC (11-OH-THC).

Wie viel THC erreicht das Gehirn und andere Organe?

Etwa 90 Prozent des THC befindet sich nach der Aufnahme im wässrigen Anteil des Blutes, im so genannten Blutserum. THC ist dort überwiegend an Proteine gebunden und fließt so durch die Blutgefässe. Es gibt nur wenig freies THC im Blut, da THC nicht gut wasserlöslich ist.
Wegen dieser schlechten Wasserlöslichkeit, jedoch guten Fettlöslichkeit, verändert sich relativ schnell das Verhältnis zwischen der THC-Konzentration im Blut und der THC-Konzentration in anderen Körpergeweben, insbesondere fettreichen Geweben. THC dringt relativ schnell in gut durchblutete Gewebe ein, darunter Leber, Herz, Lunge, Muskeln, Milz, Nieren und Plazenta.

Nur etwa ein Prozent des THC, das intravenös gegeben, also vollständig aufgenommen wurde, befindet sich zum Zeitpunkt der maximalen psychischen Wirkungen im Gehirn. Diese relativ niedrige Konzentration im Gehirn beruht wahrscheinlich auf der starken Durchblutung des Gehirns, was THC relativ schnell ins Gehirn, aber auch schnell wieder heraus bringt. Es scheint so zu sein, dass das THC-Abbauprodukt 11-Hydroxy-THC schneller ins Gehirn eindringt und höhere Konzentrationen erzielt als THC selbst. Da 11-Hydroxy-THC ebenfalls psychoaktiv ist und bei der oralen Aufnahme (Essen, Trinken) in einem größeren Umfang in der Leber gebildet wird als bei der Inhalation, ist anzunehmen, dass dieses Abbauprodukt, insbesondere bei der oralen Aufnahme, erheblich zu den THC-Wirkungen beiträgt. Danach reichern sich THC und seine Abbauprodukte in weniger gut durchbluteten Geweben und schließlich im Körperfett an. Die genaue Zusammensetzung des Materials, das im Fett angereichert wird, ist unbekannt. Darunter befinden sich unverändertes THC und seine Abbauprodukte, zum Teil in chemischen Verbindungen mit Fettsäuren.

Wie viel THC gelangt über die Plazenta zum Fetus?

THC gelangt bei Tieren und beim Menschen schnell über die Plazenta (Mutterkuchen) aus dem Blut einer Schwangeren in den Blutkreislauf des Embryos bzw. des Fetus. Der Verlauf der THC-Blutkonzentration im Blut des Fetus entspricht dem Verlauf im mütterlichen Blut. Allerdings waren die Blutkonzentrationen beim Fetus verglichen mit den Blutkonzentrationen bei der Mutter bei verschiedenen Tierarten niedriger. Die Abbauprodukte von THC (vor allem 11-Hydroxy-THC und THC-Carbonsäure) überwinden die Plazenta wesentlich schlechter als THC.
Nach oraler Aufnahme (Essen, Trinken) lagen die THC-Blutkonzentrationen im Fetus bei etwa einem Zehntel der mütterlichen Blutkonzentrationen. Demgegenüber betrug die fetale THC-Blutkonzentration nach der Inhalation (Rauchen) etwa ein Drittel der mütterlichen Konzentration. Es könnte daher sein, dass die orale Aufnahme im Vergleich mit der Inhalation eine geringere Wirkung auf den Fetus hat. Studien mit zweieiigen Zwillingen haben ergeben, dass die Exposition von Feten mit THC stark variiert und dass die Plazenta dabei eine große Rolle spielt.
Die Plazenta ist bei verschiedenen Müttern bzw. Kindern unterschiedlich durchlässig für THC.

Wie viel THC gelangt in die Muttermilch?

Nach der Geburt gelangt THC auch in die Brustmilch von stillenden Müttern. In Untersuchungen mit Affen tauchte 0,2 Prozent des aufgenommenen THC in der Milch auf. Bei einer regelmässigen Gabe häufte sich THC in der Muttermilch an, offenbar wegen ihres Fettgehalts. Bei einer Cannabis konsumierenden Frau wurde eine etwa achtmal so hohe THC-Konzentration in der Brustmilch wie im Blutplasma nachgewiesen. Diese Konzentration bewegte sich pro Milliliter Milch im niedrigen Nanogramm-Bereich (1 Nanogramm ist 1 Millionstel Milligramm).

Wenn man diese Konzentrationswerte auf absolute Werte umrechnet, so lässt sich daraus folgern, dass ein Baby, das gestillt wird, täglich THC-Mengen in einer Größenordnung von 0,01 bis 0,1 mg aufnimmt, wenn seine Mutter ein bis zwei Cannabiszigaretten pro Tag konsumiert.

Wie verläuft die THC-Konzentration im Blut?

Vor allem wenn es um Blutproben im Zusammenhang mit der Fahruntüchtigkeit geht, interessiert die Bedeutung einer bestimmten THC-Konzentration im Blut für die Cannabiswirkung.

Werden 5 mg THC direkt in eine Vene injiziert, so findet sich nach zwei Minuten eine Konzentration von THC im Blutplasma von etwa 400 ng/ml (Nanogramm pro Millimeter). Diese Konzentration fällt innerhalb von 90 Minuten auf etwa 20 bis 25 ng/ml ab.

Wird THC geraucht oder mit einem Verdampfer (Vaporizer) inhaliert, so ähnelt der Verlauf der THC-Konzentration im Blutplasma der nach intravenöser Injektion ins Blut. So führte in einer Studie mit mehreren Cannabiskonsumenten das Rauchen einer Cannabiszigarette, die etwa 16 mg THC enthielt, innerhalb weniger Minuten zu einer maximalen THC-Konzentration im Blutplasma von etwa 80 ng/ml. Die Schwankungsbreite lag bei den verschiedenen Teilnehmern an der Untersuchung zwischen 50 und 130 ng/ml. Enthielt die Zigarette 34 mg THC, so lag die maximale THC-Konzentration im Blutplasma bei etwa 160 ng/ml. Innerhalb von drei bis vier Stunden fällt diese Konzentration auf wenige Nanogramm pro Millimeter ab.

Bei oraler Einnahme zeigt die THC-Konzentration im Blut einen flachen Verlauf mit maximalen Konzentrationen von etwa 5 bis 10 ng/ml im Blutplasma nach der Einnahme von 20 mg THC.

Diese maximalen Konzentrationen werden nach durchschnittlich ein bis zwei Stunden erreicht. Insbesondere nach der oralen Einnahme variiert der Verlauf der THC-Blutkonzentration bei verschiedenen Personen und auch bei der gleichen Person jedoch stark. Dies betrifft sowohl die Höhe der Konzentrationen als auch ihren Verlauf. Nicht selten wird die maximale Konzentration erst nach drei oder vier Stunden erreicht.

Bei Gelegenheitskonsumenten lässt sich nur selten nach mehr als 12 oder 24 Stunden noch THC im Blut nachweisen, bei gewohnheitsmäßigen Konsumenten ist ein Nachweis nach mehr als 24 Stunden oder auch nach 48 Stunden häufig. Da man nach dem Straßenverkehrsgesetz mit THC im Blut als fahruntüchtig gilt, kann es sein, dass ein regelmäßiger Konsument auch mehr als zwei Tage nach dem letzten Konsum nach dem Gesetz fahruntüchtig ist, was pharmakologisch allerdings Unsinn ist.

Wie wird THC im Körper abgebaut?

THC wird vor allem in der Leber abgebaut. Aus dem Blut, das die Leber durchfließt, wird THC zum größten Teil entfernt und abgebaut. Da das Blut, das Nahrungsbestandteile aus dem oberen Darmbereich aufnimmt, zunächst die Leber durchfließt, wird der allergrößte Teil des THC nach oraler Aufnahme bereits beim ersten Durchlauf durch die Leber und bevor es den Rest des Körpers erreicht (beispielsweise auch das Gehirn), abgebaut. Obwohl fast 100 Prozent des THC beim Essen oder Trinken vom Magen und oberen Darmbereich aufgenommenen werden, erreichen daher nur 4 bis 12 Prozent den Gesamtkreislauf. Man sagt, die „systemische Bioverfügbarkeit" beträgt bei oraler Aufnahme 4 bis 12 Prozent.

Beim Rauchen liegen die Verhältnisse anders. Das Blut der Lunge erreicht zunächst das Herz und von dort aus alle anderen Organe, auch das Gehirn, ohne dass vorher die Leber dazwischen geschaltet wäre. Zwar wird von der Lunge weniger THC aufgenommen als von Magen und Darm, die systemische Bioverfügbarkeit liegt aber deutlich höher, bei etwa 10 bis 35 Prozent.Die wichtigsten Abbauprodukte sind 11-Hydroxy-THC (11-OH-THC) und THC-Carbonsäure (THC-COOH). Daneben gibt es noch eine Vielzahl (nahezu 100) weiterer Abbauprodukte, die in einer deutlich geringeren Menge entstehen.

Wie werden THC und seine Abbauprodukte im Stuhl und Urin ausgeschieden?

THC wird innerhalb von Tagen und Wochen, überwiegend als THC-COOH, ausgeschieden, etwa ein Drittel über die Nieren mit dem Urin und zwei Drittel über den Darm im Stuhl. Nach drei Tagen ist etwa 50 bis 65 Prozent des aufgenommenen THC wieder aus dem Körper verschwunden. Weniger als 5 Prozent wird als unverändertes THC ausgeschieden.

Wie lange ist ein Cannabiskonsum in einer Urinprobe nachweisbar?

Beim Nachweis eines Cannabiskonsums durch eine Urinprobe wird vor allem nach THC-COOH gesucht. Nach einer einzigen THC-Dosis ist dieses Abbauprodukt im Allgemeinen 2 bis 5 Tage lang im Urin nachweisbar, bei gewohnheitsmäßigen Konsumenten jedoch deutlich länger, nämlich 2 bis 3 Wochen, in einigen Fällen auch deutlich länger als einen Monat. Bei regelmäßigem Konsum sinkt die Urinkonzentration nicht kontinuierlich ab, sondern es gibt starke Schwankungen, so dass THC-COOH an einem Tag nicht mehr nachweisbar ist, jedoch am Folgetag wieder nachgewiesen werden kann.

Es ist nicht bekannt, wieso THC bei mehreren Konsumenten mit der gleichen Konsumintensität sehr unterschiedlich lang im Urin nachweisbar ist. Theorien, nach denen die Nachweisbarkeitsdauer beispielsweise mit dem Fettanteil (dicke oder schlanke Konsumenten), mit der sportlichen Aktivität (vermehrtes Schwitzen, vermehrter Abbau von Fettreserven) oder anderen Eigenschaften verbunden sein könnte, sind bisher nicht bewiesen. Es gibt zudem keine Beweise, nach denen die Einnahme bestimmter Mittel (Vitamine, Enzyme, kommerzielle Produkte, etc.) signifikant die Nachweisbarkeit von THC-COOH im Urin beeinflusst.

Die einzige überprüfte wirksame Methode, die Nachweisbarkeitsdauer von THC-COOH im Urin zu reduzieren, besteht in der Verdünnung des Urins durch eine vermehrte Flüssigkeitsaufnahme, beispielsweise durch das Trinken von zusätzlichen zwei Litern Wasser innerhalb von sechs bis acht Stunden vor der Entnahme der Urinprobe. Eine absichtliche Verdünnung des Urins lässt sich durch die Bestimmung des Kreatiningehalts im Urin nachweisen. Ist die Konzentration von Kreatinin im Urin erniedrigt, so ist der Urin vermutlich verdünnt. Die Kreatininkonzentration im Urin kann künstlich erhöht werden, indem zwei bis drei Tage vor der Urinentnahme täglich 10 Gramm Kreatin eingenommen wird. Kreatin gibt es frei verkäuflich in der Apotheke; es wird beispielsweise von Bodybuildern zum Muskelaufbau eingesetzt.

Wie verlaufen die Wirkungen von THC im Verhältnis zum Verlauf der Konzentration im Blut?

Die maximale psychische THC-Wirkung tritt sowohl bei der Inhalation als auch bei oraler Aufnahme deutlich nach der maximalen THC-Konzentration im Blut auf. Während nach dem Rauchen die maximale Blutkonzentration etwa nach fünf Minuten festgestellt wird, sind die psychischen Wirkungen im Allgemeinen nach 20 bis 30 Minuten am stärksten und klingen dann innerhalb von etwa vier Stunden wieder weitgehend vollständig ab. Die maximale Zunahme der Herzfrequenz wird allerdings bereits nach etwa fünf Minuten gemessen und hat sich nach drei Stunden wieder vollständig normalisiert. Verschiedene Cannabiswirkungen haben also hinsichtlich ihrer Stärke keinen vollständig parallelen Verlauf.

Auch nach der oralen Aufnahme (Essen, Trinken) haben verschiedene Wirkungen einen unterschiedlichen Verlauf. Psychische Wirkungen setzen im Allgemeinen nach 30 bis 90 Minuten ein und erreichen ihr Maximum nach 2 bis 4 Stunden. Selbstverständlich sind diese Zeiten dosisabhängig. Bei entsprechend hohen Dosen können deutliche psychische Wirkungen 12 Stunden oder sogar länger bestehen bleiben. In diesem Zusammenhang ist es bemerkenswert, dass es viele Patienten gibt, die bei unterschiedlichen Erkrankungen (chronische Schmerzen, Appetitlosigkeit, Tourette-Syndrom, etc.) mit nur zwei Dosen oder sogar mit nur einer einzigen Dosis pro Tag auskommen und damit ihre Symptomatik 24 Stunden lang im Griff haben.

Cannabis als Heilmittel

Eine Übersicht von Dr. med. Joubin Gandjour

Das Pro und Contra einer arzneimittelrechtlichen Zulassung von Cannabis wird in der Öffentlichkeit wie auch den Forschungsanstalten nicht immer sachlich diskutiert. Sicher trägt diese Kontroverse dazu bei, dass Cannabis häufig in Eigenregie angewendet und der behandelnde Arzt darüber nicht informiert wird. Diese Übersicht wendet sich an Menschen, die sich über die orale Anwendung von Cannabis in der Medizin informieren möchten.

Das Bundesinstitut für Arzneimittel und Medizinprodukte informiert

Cannabis und der im Cannabis enthaltene Wirkstoff Dronabinol, auch Delta-9-Tetrahydrocannabinol oder THC genannt, sowie Nabilon, ein künstlich hergestellter Abkömmling von Dronabinol, unterliegen in Deutschland und der Schweiz dem Betäubungsmittelgesetz.
Im Rahmen eines individuellen Heilversuches kann Cannabis in Deutschland als Medizin verwendet werden, was allerdings sehr selten vorkommt. Die Voraussetzung dafür ist, dass die Zweckmäßigkeit durch einen Arzt schriftlich begründet und eine Ausnahmegenehmigung beim deutschen Bundesinstitut für Arzneimittel und Medizinprodukte eingeholt wird. Dagegen ist das aus einem Cannabisextrakt gewonnene, Dronabinol und Cannabidiol enthaltende Nabiximol-Spray (Sativex®) zur Anwendung in der Mundhöhle in Deutschland zugelassen. Es kann über ein Betäubungsmittelrezept bei Patienten mit Spastik aufgrund von Multipler Sklerose verschrieben werden, wenn andere Medikamente nicht angemessen gewirkt haben. Auch aus Faserhanf oder synthetisch hergestelltes Dronabinol (zum Beispiel Marinol®) und Nabilon (Cesamet®) können, obwohl in Deutschland nicht zugelassen, per Betäubungsmittelrezept verschrieben werden. Anders als bei Sativex® ist deren Anwendung nicht auf Multiple Sklerose Patienten mit Spastik beschränkt.
In der Schweiz kann das Bundesamt für Gesundheit eine Ausnahmebewilligung für die medizinische Anwendung von Dronabinol erteilen. Auch hier muss die Zweckmäßigkeit durch einen Arzt schriftlich begründet werden. Dronabinol-Tropfen können über die Bahnhof Apotheke in Langnau oder die Firma Hänseler in Herisau bezogen werden.

Die Wiederentdeckung einer Kulturpflanze

Cannabis ist eine der ältesten Kulturpflanzen weltweit. Zu den ausschließlich in dieser Pflanze enthaltenen fettlöslichen Phytocannabinoiden zählen Dronabinol und Cannabidiol. Cannabidiol soll die durch Dronabinol verursachten Wirkungen auf die Psyche teilweise aufheben, weswegen einige Wissenschaftler Cannabis oder ausschließlich Dronabinol und Cannabidiol enthaltende Präparate anstelle von Dronabinol favorisieren. Daneben wurden in den letzten Jahren eine Vielzahl weiterer künstlicher Cannabinoide neu synthetisiert, darunter Nabilon als bisher einziger auf dem Markt erhältlicher Wirkstoff. Es ist sehr wahrscheinlich, dass in den nächsten Jahren andere künstliche Cannabinoide zugelassen werden.
Ausgelöst wurde die intensive Forschung im Bereich der Cannabinoide durch die Entdeckung von Cannabinoidrezeptoren im Gehirn und anderen Organen sowie körpereigenen Endocannabinoiden gegen Ende des letzten Jahrhunderts. Trotz dieser positiven Entwicklung können Wirksamkeitsstudien nur erschwert durchgeführt werden, da Cannabis und Dronabinol unter das Betäubungsmittelgesetz fallen.

Das heilsame Kraut

Cannabis bzw. Dronabinol wird bei verschiedenen Erkrankungen und Symptomen als Alternativpräparat oder in Kombination mit anderen Medikamenten eingesetzt. Bereits im 17. Jahrhundert entdeckte der britische Kräuterkundler Nicholas Culpeper die schmerzlindernde und entzündungshemmende Wirkung von Hanfextrakt: „… allayeth Inflammations in the Head … eases the pains of the Gout … Knots in the Joynts, … the pains of the Sinews and Hips" („ … lindert Entzündungen im Kopf, mildert Gichtschmerzen, Gelenkknoten, Schmerzen der Sehnen und Hüften"). Später wurden weitere Eigenschaften dokumentiert: Brechreizhemmung, Appetitanregung, Gewichtssteigerung, Muskelentspannung, Tumorhemmung, Senkung des Augeninnendrucks, Bronchienerweiterung, Juckreizminderung, Stimmungsaufhellung, Schlafförderung und Minderung der Anfallshäufigkeit bei Epilepsie.

Die medizinische Wirksamkeit von Cannabis wurde durch einige klinische Studien belegt, aber es gibt auch Untersuchungen, die keine Wirksamkeit nachweisen konnten. Methodologische Schwächen, kleine Patientenzahlen oder eine kurze Beobachtungsdauer limitieren zudem die Aussagekraft vieler Studien.

Übelkeit und Erbrechen: Chemotherapeutika, Immunsuppressiva und Virostatika, die bei Krebsleiden und anderen chronischen Erkrankungen – wie HIV-Infektion, chronischer Hepatitis C oder Multipler Sklerose – eingesetzt werden, können Übelkeit und Brechreiz hervorrufen. Dronabinol und Nabilon haben eine milde, den Brechreiz reduzierende Wirkung und werden deshalb meistens mit anderen, stärker wirksamen Medikamenten kombiniert.

Appetitlosigkeit und Abmagerung: Der appetitanregende Effekt von Dronabinol ist gut dokumentiert und wird informell als „Fressflash" oder „Munchies" bezeichnet. Durch die vermehrte Nahrungsaufnahme kann das Gewicht bei Abmagerung aufgrund chronischer Erkrankungen wie Krebsleiden oder AIDS stabil gehalten bzw. der fortschreitende Gewichtsverlust verlangsamt werden.

Schmerzen: Dronabinol und Nabilon können im Besonderen leichte Nervenschmerzen und sogenannte zentrale Schmerzsyndrome lindern. Nervenschmerzen und zentrale Schmerzsyndrome werden zum Beispiel hervorgerufen durch eine örtliche Nervendruckschädigung wie Ischias oder Karpaltunnel-Syndrom, durch eine Gürtelrose bzw. eine Post-Zoster-Neuralgie, durch Polyneuropathien bei Stoffwechselstörungen wie Diabetes mellitus, durch Stumpfschmerzen nach Amputation oder Rückenmarks- und Hirnentzündungen wie Multiple Sklerose. Häufig handelt es sich um einen brennenden Schmerz; zusätzlich können leichte Berührungen schmerzhaft wahrgenommen werden und die Haut kann unerträglich kribbeln. Auch bei chronisch entzündlichen Gelenkerkrankungen und Krebsschmerzen wurde eine Schmerzlinderung beobachtet. Häufig kommt es zu einer Anwendung im Rahmen einer Kombinationstherapie; so kann in einigen Fällen beispielsweise bei starken Beschwerden die Opiatdosis reduziert werden.

Spastik: Bei Multipler Sklerose, unfallbedingter Querschnittslähmung und anderen Erkrankungen des zentralen Nervensystems kann neben Lähmungen eine zum Teil schmerzhafte Verkrampfung der Muskulatur auftreten, die Spastik genannt wird. Die Funktion und Beweglichkeit der Gelenke wird dadurch beeinträchtigt. Wegen der häufig nur leicht muskelentspannenden Wirkung werden Dronabinol und Nabilon bei schwerer Spastik mit anderen Medikamenten kombiniert.

Zu Risiken und Nebenwirkungen

Durch den Verdauungstrakt aufgenommenes Cannabis ist in therapeutischen Dosen im Allgemeinen gut verträglich. Die Gefahr einer Abhängigkeitsentwicklung ist bei vorliegender medizinischer Indikation sehr gering. Etwaige Entzugssymptome sind nach dem Absetzen häufig mild und bilden sich innerhalb mehrerer Tage zurück. Hierzu zählen Ängstlichkeit, Depression, Unruhe, Reizbarkeit, Schlaflosigkeit und Appetitlosigkeit. Durch die medizinische Verwendung von Cannabis verursachte Todesfälle wurden nicht dokumentiert.

Das Spektrum der akuten unerwünschten Wirkungen, die sich zumeist innerhalb weniger Stunden zurückbilden, umfasst körperliche und psychische Symptome. Körperliche Symptome beinhalten einen Anstieg der Herzfrequenz, Blutdruckabfall, Schwindel, Übelkeit, Mundtrockenheit und eine Rötung der Augenbindehäute. Aufgrund der Möglichkeit einer Belastung des Herz-Kreislauf-Systems sollte Cannabis bei bekannter Herzerkrankung oder entsprechenden Risikoprofil – wie Bluthochdruck, Diabetes mellitus, Fettstoffwechselstörung oder Nikotinkonsum – nur in Absprache mit dem behandelnden Arzt eingenommen werden.

Kontrovers diskutiert wird der Einfluss von Cannabis auf die Schwangerschaft. Ein leicht niedrigeres Geburtsgewicht und wahrscheinlich vorübergehende milde Entwicklungsstörungen im Kleinkind- und Kindesalter wurden beobachtet. Daher kann die eine Einnahme von Cannabis während der Schwangerschaft nicht empfohlen werden. Wie bei Kindern und Jugendlichen ist der Gebrauch von Cannabis auch während der Stillzeit obsolet.

Häufiger treten akute psychische Veränderungen auf, wobei Stimmungsaufhellung oder intensivere Sinneseindrücke nicht selten erwünscht sind („Urlaub von der Krankheit"). Andere Anwender brechen aufgrund der psychischen Nebenwirkungen die Behandlung ab. Auftreten können eine Verlangsamung oder Blockierung der Bewegungs- und Denkabläufe, Gedächtnis- und Orientierungsstörungen, eine veränderte Zeitwahrnehmung, verschwommenes Sehen und vermehrte Tagesmüdigkeit. Daneben wurden selten depressive, halluzinatorische und psychotische Störungen sowie Angst- und Panikreaktionen beobachtet.

Obwohl bei therapeutischer Dosierung unwahrscheinlich, kann durch Einschränkung des Reaktionsvermögens die Verkehrssicherheit innerhalb der ersten Stunden nach Einnahme eingeschränkt werden. Weil Dronabinol bei regelmäßiger Anwendung häufig länger als 24 Stunden im Blut nachweisbar ist, droht Personen, die Cannabis zu medizinischen Zwecken verwenden, der Entzug der Fahrerlaubnis. Erlaubt ist das Führen von Kraftfahrzeugen in Deutschland, wenn Dronabinol unter Aufsicht eines Arztes eingenommen wird. In der Schweiz besteht diese Regelung nicht.

Cannabis kann die Symptome einer Schizophrenie verstärken oder erhalten. Es ist unklar, ob Cannabis in seltenen Fällen bei jungen Erwachsenen eine Schizophrenie auch verursachen kann. Abgesehen hiervon ist nach Absetzen von medizinisch angewendetem Cannabis eine anhaltende, über Wochen hinausgehende kognitive Störung nicht beobachtet worden. Dagegen wurden in einigen Untersuchungen bei schwerem und langjährigem Missbrauch auch Monate bis Jahre nach Absetzen von Cannabis milde kognitive Funktionsstörungen beobachtet. Vor allem die Gedächtnisfunktion und Aufmerksamkeitsspanne waren beeinträchtigt.

„Too much" – Erste Hilfe für den Notfall

Durch Ausruhen, Ablenkung oder beruhigendes Zureden nahestehender Personen wird das Abklingen unerwünschter Wirkungen zumeist beschleunigt. Auch ein Baldriantee kann lindernd wirken. Falls die Beschwerden über Stunden anhalten oder massiv ausgeprägt sind, sollte ein Arzt oder die Sanität hinzugezogen werden. Alle Gesundheitsfachpersonen unterliegen der beruflichen Schweigepflicht.

Die individuelle Dosis

„All Ding' sind Gift und nichts ohn' Gift; allein die Dosis macht, das ein Ding kein Gift ist." Zweifelsohne kann Paracelsus' Erkenntnis aus dem 16. Jahrhundert auf den Gebrauch von Cannabis übertragen werden; Nebenwirkungen treten häufiger bei hohen Dosen auf. Die aufgrund fehlender Qualitätskontrollen häufig bestehende Unkenntnis über den Dronabinol-Gehalt des auf dem Schwarzmarkt erworbenen Cannabis erhöht die Wahrscheinlichkeit, dass versehentlich eine zu hohe Dosis eingenommen wird. Deshalb sollte zuerst eine geringe Menge eingenommen und die für einen therapeutischen Effekt erforderliche Menge langsam gesteigert werden. Bei einigen Menschen liegt die für eine Beschwerdelinderung erforderliche Dosis unterhalb der Schwelle, bei der eine die Psyche beeinflussende Wirkung auftritt. In anderen Fällen muss eine höhere Dosis oberhalb dieser Schwelle eingenommen werden. Häufig liegt die erforderliche Tagesdosis zwischen 10 und 20 Milligramm Dronabinol, selten bei 50 Milligramm oder mehr. Unter Berücksichtigung der Halbwertszeit und der zu erreichenden Beschwerdelinderung wird die Menge in der Regel auf zwei Einzeldosen, morgens und abends, aufgeteilt. Eine Toleranzentwicklung kann dazu führen, dass die Dosis im Verlauf erhöht werden muss.
Daneben bestehen individuelle Faktoren, welche die Verträglichkeit von Cannabis beeinflussen, wie geistige und körperliche Verfassung vor dem Konsum, Erwartungshaltung, frühere Erfahrungen und das soziale Umfeld, in dem Cannabis eingenommen wird, welche die Verträglichkeit von Cannabis beeinflussen. Insbesondere bei Unwissenheit („Space Cake") sowie gleichzeitigem Konsum von Alkohol oder anderen Medikamenten können schwere unerwünschte Wirkungen trotz Einnahme relativ geringer Mengen auftreten. Auch der Wirkungseintritt unterliegt verschiedenen Einflüssen. In Abhängigkeit von der zu erzielenden Linderung kann 30 bis 90 Minuten nach oraler Einnahme eine Wirkung eintreten und beispielsweise ein appetitsteigernder Effekt bis zu 24 Stunden anhalten. Eine allfällige psychische Wirkung sollte nach spätestens 10 Stunden abklingen.

Unverbindliche Preisempfehlung

Der Grammpreis für auf dem Schwarzmarkt erworbenes Cannabis liegt bei bis zu 10 Euro. Hierbei kann der Dronabinol-Gehalt zwischen 1 und 30 Prozent schwanken, bei Produkten von mässiger Qualität liegt der Gehalt zwischen 5 und 10 Prozent. Für medizinische Zwecke in den Niederlanden produziertes und über eine deutsche Apotheke legal importiertes Cannabis ist teurer, die Kosten belaufen sich auf bis zu 18 Euro pro Gramm. Derzeit werden fünf Sorten angeboten, die einen unterschiedlichen THC-Gehalt und ein unterschiedliches Verhältnis von Dronabinol und Cannabidiol aufweisen. Bedrocan® weist hier den höchsten Dronabinol-Gehalt auf, er liegt bei 22 Prozent. Im Gegensatz hierzu liegen die Kosten für Produkte, die ausschließlich Dronabinol oder Dronabinol und Cannabidiol enthalten, um ein Vielfaches höher. So kostet zum Beispiel eine 2,5 Milligramm Dronabinol enthaltende Kapsel Marinol® circa 10 Euro, während die gleiche Menge Bedrocan® umgerechnet 25 Cent kostet. Abgesehen vom Verkaufspreis muss eine Kosten-Nutzen-Analyse jedoch weitere Punkte berücksichtigen. Der Besitz von auf dem Schwarzmarkt erworbenem oder selbst angebautem Cannabis ist im deutschsprachigen Raum verboten. Viele Personen haben keinen Zugang zur Drogenszene oder sind aufgrund ihrer Behinderung nicht in der Lage, Cannabis illegal zu beschaffen. Wie bereits erwähnt kann aufgrund der fehlenden Qualitätskontrolle auf dem Schwarzmarkt der Dronabinol-Gehalt schwanken, wodurch die Dosierbarkeit erschwert wird. Für den Schwarzmarkt produziertes Cannabis kann, wenn auch selten, toxische Verunreinigungen aufweisen. Cannabis muss im Gegensatz zu anderen Präparaten aufwändig zubereitet werden. Für Cannabis, das über eine Apotheke bezogen wurde, gibt es keine Kostendeckung durch die Krankenkassen. Auch die Kosten für Dronabinol und Nabilon müssen von den Kassen nicht gedeckt werden. Dagegen wird das in Deutschland zugelassene Sativex® von den Kassen erstattet.

Weiterführende Links

Die auch in deutscher Sprache verfügbare Internetseite der International Association of Cannabinoid Medicines (IACM) informiert umfassend über die medizinische Verwendung von Cannabis und Dronabinol
www.cannabis-med.org

Die Schweizerische Gesellschaft für Medizinalhanf (SGM) ist eine national tätige Organisation zur Umsetzung der legalen Verwendung von Cannabis:
www.medizinalhanfschweiz.ch

Daneben haben sich verschiedene regionale Selbsthilfegruppen im Selbsthilfenetzwerk Cannabis Medizin (SCM) organisiert:
www.selbsthilfenetzwerk-cannabis-medizin.de

REZEPTVERZEICHNIS

Süsses Gebäck mit Haschisch

Amsterdamer Spezial	22		🌿🌿🌿🌿
Brownies	38		🌿
Buchteln, Haschdukaten	20		🌿🌿
Cannabanana-Kranz	33		🌿🌿
Cannabis-Mohntorte	27	○	🌿🌿
Cannacini	28		🌿
Haschischspitzen	36		🌿
Hefezopf, Haschisch-	25		🌿🌿
High de Sand	25		🌿
Kipferl (ei- und mehlfrei)	34		🌿
Kirschkuchen, Haschbrauner	34		🌿🌿
Milch-Toffees, Indische	40	○	🌿🌿🌿
Sandkuchen	32		🌿🌿🌿
Schokoladen-Gourmetfondue	37	○	🌿🌿
Schokokuchen (glutenfrei)	36		🌿🌿
Glutenfreie Schoko-Banana-Haschmuffins	31		🌿
Schoko-Walnuss-Haschmuffins	30		🌿🌿
Shitbiscuits	27		🌿
Shortbread Haschfingers	28		🌿🌿🌿
Spritzgebäck	26		🌿🌿
Spritzgebäck für Diabetiker	26		🌿🌿

Pikantes Gebäck mit Haschisch

Cashewplätzchen	42	🌿
Käsechips	41	🌿
Käsegebäck	41	🌿🌿
Käsestangen, Gespritzte	42	🌿🌿🌿

Süsses Gebäck mit Grass

Basler Grass-Leckerli	56		🌿🌿🌿
Deli Grass-Früchte-Kuchen	62		🌿
Grasskranz	61		🌿🌿🌿
Grasstaler für Diabetiker	57		🌿
Grass-Quarkbällchen	49		🌿
Hanf-Bananen-Brot (glutenfrei)	63		🌿🌿
Hanf-Haferflöckchen	57		🌿
Käsekuchen mit Mandelmürbeteig	50	✱	🌿🌿🌿
Mary Maroni Cake	51	○ ✱	🌿🌿
Marzipankartoffeln	54	○	🌿
Orange Grass Buttons	60		🌿🌿
Pfeffernüsschen	53	○	🌿🌿
Quarkkuchen	48		🌿🌿
Strudel	46		🌿🌿🌿
Supergrass-Schnittchen	67		🌿🌿🌿
Zimtsterne, Grassgrüne	54	○	🌿🌿
Zitronen-Baisertorte, Knaster-	52		🌿🌿🌿
Zitronen-Grass-Stäbchen	58		🌿🌿

Pikantes Gebäck mit Grass

Grass-Buchweizen-Brot	64	🌿🌿
Grass-Stangen mit Mohn und Sesam	66	🌿🌿
Hanfbrot im Blumentopf	64	🌿🌿
Pikante Grass-Torte	68	🌿🌿
Weed Well Bread	66	🌿

Backen mit Hanfsamen

Berliner Hanfkipferl	74		🌿
Feigen-Hanfsamenriegel	76		🌿🌿
Hanfsamengebäck für Diabetiker	72		🌿🌿
Hanfiges Saatenbrot	75	✱	🌿🌿
Kokoshanfsamenriegel	76		🌿🌿
Museumskuchen	72		🌿🌿
Schokoladen-Hanfmakronen	74		🌿🌿

Desserts mit Haschisch und Grass

Bratäpfel mit Haschisch-Quarkfüllung oder mit Grass-Marzipanfüllung	80	○	🌿
Canna Potta Subito!	85	○	🌿
Haschimisu	84		🌿🌿
Mousse au Shitchocolat	82	○	🌿🌿🌿

Kochen mit Haschisch, Grass und Hanfsamen

Aphrodisierendes Abendessen	94	○	🍁🍁🍁
Basilikum-Grass-Pesto	92	○	🍁
Brennessel-Pesto	92	○	🍁
Eierpfannkuchen	93		🍁
Hanf im Kohlmantel	96	○	🍁🍁
Hanf-Lasagne	88		🍁🍁🍁
Hirse-Grass-Auflauf (glutenfrei)	90	○	🍁
Hightere Kürbis Gnocci	93	✳	🍁
Knallcorn / Gewürztes Popcorn	98	✳	🍁
Pizza-Grass-Muffins	91		🍁🍁🍁
Petersiliensalat	95	○	🍁
Salat-Dressing	95	○	🍁

Getränke

Bhang	106
Café und Cacao de Cannabis	105
Chai High	105
Grasswurzelmilch	104
Hasch-Limonade	107
Kir de Kif	104
Kräutertee mit Sahnehasch	107
Safranmilch	106

Die Anzahl der ♣ zeigt Aufwand und Schwierigkeitsgrad des Rezepts an:

♣	**einfach herzustellen**
♣ ♣	**einfach, aber nicht zu unterschätzen**
♣ ♣ ♣	**größerer Zeitaufwand**
♣ ♣ ♣ ♣	**erfordert einige Kenntnisse und einen gewissen Zeitaufwand**
🚫	**Glutenfrei** Bis auf das Strudel Rezept können alle Rezepte mit den handelsüblichen glutenfreien Mehlsorten zubereitet werden.
○	**Rezepte nur mit Saaten & Nüssen** keine Mehlsorten & Stärke
✴	**Neue Rezepte**

FACHBÜCHER ZUM THEMA

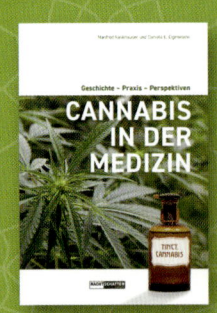

Manfred Fankhauser, Daniela Eigenmann
Cannabis in der Medizin
Geschichte – Praxis – Perspektiven

ISBN 978-3-03788-587-1
224 Seiten, Format 14,8 x 21 cm, Broschur

Franjo Grotenhermen
CBD
Ein Cannabinoid mit Potenzial

ISBN 978-3-03788-537-6
120 Seiten, Format DIN A6, Broschur

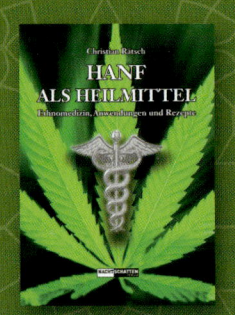

Überarbeitete und aktualisierte Neuauflage

Christian Rätsch
Hanf als Heilmittel
Ethnomedizin, Anwendungen und Rezepte

ISBN 978-3-03788-390-7
224 Seiten, 19,5 × 26.5 cm, Farbfotos, illustriert, Pappband (überarbeitete Neuauflage der ehemaligen AT-Ausgabe)

Franjo Grotenhermen
Die Behandlung mit Cannabis
Medizinische Möglichkeiten, rechtliche Lage, Rezepte und Praxistipps

ISBN 978-3-03788-579-6
128 Seiten, Format 14,8 × 21 cm, Hardcover

8. überarbeitete Neuauflage

NACHTSCHATTEN VERLAG

Nachtschatten Verlag AG

HANF-KLASSIKER

Franjo Grotenhermen
Hanf als Medizin
Ein praxisorientierter Ratgeber

ISBN 978-3-03788-285-6
216 Seiten, 14 × 22,5 cm, Broschur

Markus Berger
Leben mit Cannabis
Entspannung, Rausch und Wohlbefinden mit Hanf

ISBN 978-3-03788-583-3
152 Seiten, 12 × 20,3 cm, 4-farbig, Broschur

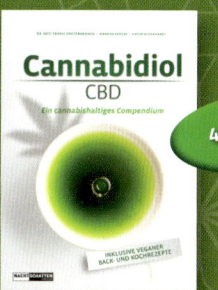

4. Auflage

Bestseller 44. Auflage!

F. Grotenhermen, M. Berger, K. Gebhardt
Cannabidiol CBD
Ein cannabishaltiges Compendium

ISBN 978-3-03788-369-3
160 Seiten, 17 × 24,5 cm
durchgehend 4-farbig, Hardcover

Jack Herer, Mathias Bröckers
Die Wiederentdeckung der Nutzpflanze Hanf
«Geniales Buch über den Tausendsassa Hanf»
Bernd Roessl / Lovelybooks.de

ISBN 978-3-03788-181-1
526 Seiten, 17 × 23,7 cm, Hardcover

Kronengasse 11
CH-4500 Solothurn

info@nachtschatten.ch
www.nachtschatten.ch

VIELFALT, DIE SCHMECKT

Entdecke unsere leckeren Lebensmittel von HANF FARM und finde dein Lieblingsprodukt

VEGAN   GLUTEN-FREE

Mehr auf www.hanfhaus.de

HANFNÜSSE
für dein tägliches Wohlbefinden
Hanfkompetenz seit 1997

harmonius pure nature

Eiweiss | Ballaststoffe | Eisen | Omega3

Harmonius GmbH | 5612 Villmergen
www.harmonius.ch | info@harmonius.ch | 076 815 30 40

Fourtwenty
fourtwenty.ch

ALL YOU NEED TO EAT YOUR WEED
BUTTER ÖL
HONIG TINKTUR
EXTRAKTION
DECARBOXILATION

TrendShop
Kramgasse 3
CH – 3011 Bern
Tel. +41 (0)31 311 40 18

GrowCenter
Worblentalstrasse 30
CH – 3063 Ittigen
Tel. +41 (0)31 371 03 07

ACM und SCM für Patienten

In der Arbeitsgemeinschaft Cannabis als Medizin - ACM haben sich Ärzte, Apotheker, Patienten, Juristen und andere Interessierte aus Deutschland und der Schweiz organisiert.

Mitglieder erhalten kompetente Hilfestellung bei der Beantragung einer Ausnahmeerlaubnis nach §3 – BtMG zum Erwerb von Cannabisblüten aus der Apotheke.

Dokumente zum Download auf unserer Website

✓ Anleitung für einen Antrag auf Ausnahmeerlaubnis

✓ Schritte zur legalen Verwendung von Cannabisprodukten

✓ Antragsformulare "Ausnahmeerlaubnis nach §3 - BtMG"

Informationen zur ACM und SCM unter www.cannabis-med.org

Wir machen das für Sie!

SCM

cannabis medizin — Arbeitsgemeinschaft Cannabis als Medizin

Cannabis als Medizin ermöglichen!
Menschenrechte achten!
Straffreiheit für Patienten!
Mitglieder unterstützen Mitglieder!
Beratung durch kompetente Fachleute!
Schwerstkranke nicht kriminalisieren!
Schluß mit Drangsalierung von Patienten!

MOBIL — **BACKEN**

VAPORIZER · BERATUNG · VERKAUF · SERVICE · ZUBEHÖR · WASSERFILTER · EXTRAKTOREN · KRÄUTER

VERDAMPFTNOCHMAL.de

VAPORIZER FACHHANDEL · GROß- UND EINZELHANDEL · VERMIETUNG · LADENGESCHÄFT IN BERLIN

STATIONÄR

IDEEN ODER FRAGEN? KONTAKTIERE UNS:

VERDAMPFTNOCHMAL
KARL-KUNGER-STR. 28
12435 BERLIN
☎ +49(0)30 54733733

verdampftnochmal.de

FIND US ON: YouTube, f

Das Buch mit Wirkung

Markus Berger
Hanf!
AT Verlag 2020
ISBN 978-3-03902-085-0
224 Seiten, gebunden
Fr. 29.90 | € 24,–

atVERLAG

www.at-verlag.ch